KB240183

생각이 부를 결정한다

생각이 부를 결정한다

초판 1쇄 펴낸날 2008년 9월 18일

지은이 방현철, 최성환, 한동철, 황상민
펴낸이 이금석

마케팅 곽순식 김선곤
기획편집 한혜진
디자인 박상순
물류지원 현란

펴낸곳 도서출판 무한
등록일 1993년 4월 2일
등록번호 제 3-468호

주소 서울시 마포구 서교동 469-19
전화 (02)322-6144
팩스 (02)325-6143
홈페이지 www.muhan-book.co.kr
이메일 muhan7@muhan-book.co.kr

값 12,000원
ISBN 978-89-5601-225-4(13320)

*잘못된 책은 바꾸어 드립니다.

Rich Think

생각이 부를 결정한다

지은이 부자학연구학회

방현철
최성환
한동철
황상민

무한

좋은 부자의 역사가 사회의 힘입니다

지금 우리가 평안히 밥술을 뜰 수 있는 것은 '부자 나라'를 만들겠다는 일념으로 우리 선조들이 흘렸던 땀 덕분입니다. 한반도에서 수천 년 동안 굳건히 이어 내려온, 발전하는 사회를 만들겠다는 선조들의 '부가가치 창출적인 삶'이 우리나라를 세계 10위권의 경제대국으로 만들었습니다.

"우리 동네 부자는 정말 좋은 분이야."

그런 분이 나의 이웃이라는 사실에 가슴 뿌듯해하는 사회가 우리나라에도 있었습니다. 수백 년을 이어오며 알려진 경주 최 부잣집의 모범적인 생활은 주위를 밝게 비추었습니다. 카네기와 록펠러 그리고 워렌 버핏과 빌 게이츠로 이어지는 좋은 부자의 역사는 우리의 가슴을 흐뭇하게 합니다.

　　그동안 우리 사회는 부자의 사악한 면에만 초점을 맞추고, 사회 곳곳에 패륜부자의 이미지를 콘크리트처럼 굳혀 놓았습니다. 투기를 하고 축첩질을 하는 그런 못된 부자가 1억 원짜리 차를 타고 다니고, 그런 졸부의 자녀들은 안하무인으로 행동하며 탕아로 성장하여 그 막대한 재산을 비겁하게 상속해 먹는 더러운 짓에 신물이 난 것은 부인할 수 없는 사실입니다.

　　그러나 가진 것의 대부분을 사회로 돌리는 가수 김장훈도 있고, 피땀 흘려서 벌어들인 돈의 상당부분을 이웃에게 돌리는 골퍼 최경주도 있습니다. 수십억이 넘는 재산의 90% 이상을 아무 연고 없는 대학에 대가없이 주고 가신 무명할머니의 숨결도 이 땅에 있습니다.

　　밝혀지지 않은 좋은 부자의 살아있는 역사가 한반도의 자연을 감동시키고, 그 덕택에 우리는 하루하루 숨을 쉬고 살 수 있습니다. 비록 더럽게 벌었더라도 이제라도 회심하고 가진 것의 상당수를 사회에 돌리는 부자들을 우리는 이제 풀어줄 때가 되었습니다.

　　현재 가진 것이 모자라서 사회에 돌려줄 수 없다면 하루에 20시간 이상 고혈을 흘리면서 가치창출에 나서서 떳떳한 부자가 되십시오. 그리고 당신이 선택한 대로 가진 것의 일부를 당신을 부자로 만들어

준 세상에 기쁘게 드리십시오. 수백 년이 흐르도록 당신의 후손들이 가슴 깊이 자랑스러워할 그러한 부자가 되십시오.

부자학연구학회는 이 땅의 좋은 부자의 삶을 전파하고, 좋은 부자들이 세상에서 어떠한 생각을 가지고 살아가는지를 여러분에게 소개하려는 목적으로 탄생한 학술·사회단체입니다. 이 책은 부자학전문가 4인이 오랫동안 연구하였던 좋은 부자의 이야기들을 세상에 알리는 결과물입니다.

방현철, 최성환, 한동철, 황상민

목 차

V. 부자역사에서 배우는 부자가 되는 방법

VI. 부자의 사회봉사

제1장

올바른
부자철학

01

이 땅에 올바른 부자가 있는가?

"누가 진짜 부자입니까?"라는 질문이 들어오면 막상 대답하기 어려운 것이 우리의 현실이다. "경주 최부자댁······" "아, 그 300년 이상인가 내려온다는 그 집안이요. 진짜 부자라고 하데요." "그 다음에는 누구입니까?" "유한양행의 유일한 박사님." "예. 진짜 훌륭한 분이시라고하데요." "그 다음에는요?" 여기서부터 대답이 꽉 막힌다.

단군할아버지 이후로 수천 년을 내려온 이 땅의 역사와 건국 60년을 넘은 대한민국의 현대사에서 손꼽을 부자가 딱 두 명이라는 사실을 우리는 어떻게 받아들여야 하는가? 우리나라 좋은 나라라고 초등학교 때부터 귀에 못이 박히게 들어왔던 그 개념은 거짓인 것 같다. 좋은 나라이면 좋은 부자가 우글거려야 하는데 말이다. 잠실 롯데월드에서 좋은 부자가 자기 지갑을 털어서 가난한 아이들에게 재미있는 놀이를 태워 주어야할 터인데, 왜 그런 분은 거의 없을까? 성매매 금지법 때문에 더 이상 과거의 성노동 행위를 하지 않고 새로운 생활의 터전을 찾아 나서려는 그녀애개 초기사업자금을 무이자, 무담보로 대어줄 그런 좋은 부자는 있는가? 새벽 4시에 출근하여 아침나절 내내 비질하면서 땀 흘려도 한 달에 80만 원을 채 못 받는 그러한 비정규직 주부들이 마음 놓고 일할 수 있는 그러한 작업장을 무상으로 제공할 부자는 이 땅에 몇 명이나 있는가?

지속적으로 자문하고 자답하다가 30분 이내에 숨이 막히고 더 이상의 사고의 단초를 찾을 수 없다는 것은 우리나라 부자문화의 비천함을 단적으로 보여준다. 21세기에 봇물처럼 쏟아지는 부자책의 홍수 속에서 아무리 뒤져도 실제 가슴 찡한 부자의 예를 찾기 힘들다는 것은 원래 부자가 별로 없다는 이야기이다. 10억 만들기 또는 10억 부자 되기와 같은 제목들이 인터넷의 검색어 1, 2순위를 다투는데도, 아무리 서핑해본들 본받을 만한 부자가 없다는 것이 사실인 듯하다.

인간의 심성을 깨끗하게 정화하는 종교를 믿는 분들이 우리나라 전체 국민의 절반을 훨씬 넘는다. 불교, 천주교, 기독교와 각종 토속신앙의 신봉자들 수천만 명이 이 땅에서 두발로 걸어 다니는데 왜 그들 중에서도 신뢰할 수 있는 좋은 부자는 별로 없을까? 우리는 종교를 잘못 믿는가? 이 땅의 종교는 전부 나쁜 것만 가르치는가? 모든 사람들이 초등학교에서 선생님에게 도덕을 배웠는데도 일생을 살아가는 동안 도둑질과 더러운 매도, 매음, 매판 행위들이 끊이지 않는가? 선생님들이 잘못 가르쳤는가? 아니면 배우는 우리들이 전부 더러운 심신을 가지고 있는가?

올림픽에서 금메달을 여러 개 따는 자랑스러운 우리의 조국은 왜 세계적인 부자는 못 만들어 내었는가? 국가원수보다 더 자랑스러운 IOC위원직을 반납해야하는 비윤리적, 비도덕적인 행위들을 왜 하였을까? 국가의 돈 수억 원을 횡령하여 수갑이 채워지는 고위공직자들은 더러운 짓을 하려고 그 어려운 고시를 패스하였는가? 재벌은 도둑집단이라는 오명에 항변하듯이 "우리는 대한민국과 함께 발전하고 있습니다." "우리는 대한민국의 기업입니다."라고 TV에 기업광고를 마구 해대던 재벌의 총수들이 줄줄이 회사의 돈을 횡령했다는 신문기사는 전부 거짓말인가?

잘못된 것은 딱 한 가지이다. 부자의 진정한 의미를 우리 전부가 모르고 살아왔다는 부끄러운 사실이 바로 그것이다. 글을 쓰고 있는 저자도 몰랐고, 책을 읽고 있는 독자 여러분도 몰랐고, 전·현직 대통령들도 몰랐고, 재벌회장들도 몰랐고, 장관들도 몰랐고, 돈을 번 모든 사람들이 몰랐던 것이다. 우리는 그저 돈 버는 현금제조기(cash machine)였던 것이다.

부자라는 이야기만 꺼내면 죽일 놈이라고 매도하는 사회 분위기도 문제이지만, 그러한 사회적 인식에 직간접적으로 원인을 제공한 부자들의 책임이 가장 크다고 볼 수 있다. 세상을 바꾸는 힘이 돈이고,

그러한 돈은 깨끗한 목적을 위하여서 청정한 방법으로 획득되고 순전한 마음으로 사용되어야 한다는 아주 단순명쾌한 답을 우리가 몰랐던 것이다.

대한민국 250여 개의 시, 군, 구를 전부 다 뒤지면 백조처럼 흠 없는 부자는 아닐지라도, 그래도 90%정도는 훌륭한 부자들을 찾을 수 있을지도 모른다. "아, 꽤 있어요. 전라도 광주의 현 씨 집안은 아주 훌륭합니다. 우리 한번 찾아서 공부합시다." 전라도 출신이신 어느 교수님이 열변을 토하면서 전국에 존경받을 부자후보가 꽤 있다면서 한 이야기이다. "김만덕이 얼마나 훌륭한데……" "청주의 그 사장님, 이름이 뭐더라. 양 씨인가 하는데…… 아, 훌륭해요. 너무나 훌륭해요."

찾아보면 꽤 있을 것이다. 실제로 대한민국의 신뢰할 만한 단체가 찾기 시작하면 수백 명, 아니 수천 명 이상의 손꼽을 만한 부자들을 찾을 수 있을 것이다. 그러나 그들의 과거가 순도 100%라고 우기는 것은 아니다.

완벽하게 깨끗하여서는 부자가 될 수 없다. 인류 역사상 손에 더러운 티끌 하나도 묻히지 않고 세계적인 부자의 반열에 오른 인물은 없다. 부자가 되는 과정에서는 주위 사람들에게 어느 정도는 마음의 상처와 경제적인 손실을 입힐 수밖에 없다. 가치의 창출과 확산 과정에서 경쟁을 제압하면서 심신의 손실을 끼칠 수도 있기 때문이다. 그것조차도 금지한다면 부자는 나올 수 없다.

노벨경제학상을 받는 것은 스스로 공부만하면 된다. 하지만 세계 1위의 부자가 되려면 타인들에게서 돈을 받아내야 하므로(사업을 통해서든지, 투자를 통해서든지) 타인과 부딪히면서 만들어내는 것이다.

하늘 아래에 한 점 부끄러움이 없는 그러한 부자를 찾는다는 것은, 어여쁜 여인의 자태를 보고서 아무런 감각적 미동을 느끼지 않는다는 것과 같은 말이다. 하지만 완벽한 부자는 없어도, 받아들일 만한 부자는 많은 것이 사실이다.

우리나라에는 올바른 부자철학이 없었던 까닭에 손꼽히는 부자가 적었던 것이다. 앞으로 올바른 부자철학이 정립되면 존경받을 만한 부자들이 늘어날 것이다. 부자는 선천적으로 타인에게 일부의 아픔을 주면서 탄생된다는 것을 사회적으로 용인하기 시작하면서 부자를 바라보게 되면 꽤 선한 부자들을 비교적 많이 찾을 수 있을 것이다. 이 책을 읽고 있는 독자 여러분부터 그러한 부자가 되기를 스스로 원하지 않겠는가?

우리는 올바른 부자를
만들어 낼 수 있는가?

부자공부가 제대로 되면 미래에 올바른 부자들을 양산할 수 있을 것이다. 우리나라의 부자들도 전쟁이 나면 자신이 먼저 출정해야 하는데, 왜 전부 군대를 빼먹는 것인가? 이것은 사실이다. 1960~70년대에 부잣집 남자 자녀들이 거의 전부 군대를 빠지고 해외유학을 가서 국가적으로 전부 불러들인 적이 있다. 강제로 불러들여야 했던 것이다. 그러나 2000년대를 넘어서서는 험한 곳에서 군복무를 하는 자녀를 자랑스러워하는 부자들도 생기고 있다. 부자역사가 수백 년이 넘는 유럽에서도 처음에는 부자들이 전쟁을 기피하다가 나중에는 전쟁에 솔선해서 자원하게 되었다. 시간이 흐르면 제대로 돌아가게 되는 것이 세상의 이치(regression to the right direction)이다.

부자들이 축첩질이나 하고, 부인이 서너 명이나 되니 여자가 없어서 우리 애는 마흔이 넘도록 결혼도 못한다는 푸념도 일부는 사실이다. 여자문제가 아주 깨끗한 부자는 인류 역사상에 그렇게 많지 않다. 돈과 미모는 우리 몸의 살과 피처럼 꽉 달라붙어 있다. 일부다처제의 왕국에서는 왕자들이 전부 허용된 축첩질을 하고 있다. 북미와 아시아 그리고 유럽 부자들 중 상당수가 진한 향내와 하늘하늘한 미언에 빠져 있다.

그러나 종교적 신앙이 올라갈수록 부자들도 미모의 유혹에서 스스로를 지켜가고 있다. 미국부자들이 자녀가 성인이 되기 전에 순결을 지키도록 서약을 받는 것이 그러하고, 우리나라의 진정한 부자들이 엄격한 성교육을 유치원 때부터 철두철미하게 시켜나가는 것도 그런 바람직한 움직임의 시작이다. 세월이 가면 본질에 충실하게 되는 것이 자연의 순리이다.

부자들이 자기 회사의 것과 개인의 것을 구별하지 못하여 문제가 많이 생긴 것도 사실이다. 회사의 공금을 자녀의 과외비로 사용하였다는 것은 사회에 충격을 던져 주었다. 회사의 법인카드를 회사에 출근도 하지 않는 오너의 부인에게 주고서 태국여행 경비로 사용하게 하는 것은 정상이 아니다. 법에 정해진 상속세를 정당하게 납부하기 싫어서 장학재단을 만들어서 기부하였다고 하면서 상속세를 줄여나가는 사람도 있었다. 부자가 소유한 빌딩에 장학재단사무실을 만들어 놓고, 가족들이 전부 장학재단의 이사진이 되어서 자녀와 친한 친구들에게만 장학금을 제공했으면서도 사회적으로 기부하였다고 스스로 오판하는 부자들도 있다. 장학재단도 우후죽순으로 생겨났다. 대한민국에서 부자들이 가장 많이 사는 서울 강남구(대한민국 부자들 중 약 30% 정도가 거주)는 인구가 40만 명 정도 되는데 등록된 재단법인만 3천 개가 넘는다고 한다. 장학재단이 좋은 일을 위한 것이 아니라, 법의 허점을 이용한 허울뿐인 사회봉사의 도구로 전락한 것도 사실이다.

하루에 15시간을 뼈 빠지게 일해도 삼겹살 한 번 먹는 것이 겨우 일주일에 한 번인 서민들의 눈물을 도외시하는 부자들을 훌륭한 부자라고 할 수 있을까? 그들 스스로의 자각이 필요한 때이다. 다행스러운 것은 그러한 강남부자들 중의 상당수가 종교적인 기반을 가지고 조금씩 하느님과 부처님의 원래의 메시지에 순응하려고 노력하고 있다는 것이다.

개인의 일탈적인 욕구충족을 원하는 부자들도 꽤 있다. 100평이 넘을 듯한 대형 음식점의 방 하나를 통째로 빌려놓고 혼자서 40여 가지가 넘는 반찬을 젓가락질로 찜쩍거리다가 그냥 놓고 나오는 자원낭비형 부자가 있다는 것은 가슴 아픈 사실이다. 얼마나 노력을 들여야 자연곡물이 생산되는지를 그러한 부자가 이해하게 되면 일식삼찬의 검소한 모습으로 돌아가게 된다. 몰라서 그러는 것이다. 초대형 밥상을 요구하는 부자에게 당신이 지금 이야기를 해 보라. 자연은 낭비를 좋아하지 않는다고. 모든 것은 몰라서 생긴 것이다. 주위에서 전부 군대에 안 가니까 안 가도 되는 줄 안 것이다. 그러니 가르쳐주면 된다. 깨닫게 하면 되는 것이다.

이 책의 저자 4인은 올바른 부자철학이 이 땅에 무궁화처럼 활짝 피어나는 아름다운 시대가 반드시 올 것이라고 확신하고 있다. 부자학 전문가들의 글과 말을 통하여서 배우게 되면 부자들의 마음에 변화가 생길 것이고, 몰라서 생겼던 불미스러운 일들도 사라지게 될 것이다. 부자학이 추구하는 도전적인 목표는 사회변화(social change)이다. 인간의 지성을 꽃 피우는 학문적 절차탁마의 결과로서 발견되는 '올바른 부자철학의 화두'를 사회에 제공하게 되면 사회가 바람직한 방향으로 발전할 것으로 믿고 있다.

제11장

부자와 심리

01

부자와 노블리스 오블리주

얼마 전 지방에 있는 중소제조업체를 방문했다. 매출이 연 100억 원이 넘는 탄탄한 회사일 뿐 아니라, 사장은 다른 업체도 가진 알부자로 알려져 있는 분이었다. 하지만 사무실이 생각했던 것보다 좀 초라하다는 생각이 들었고 사장실도 그다지 잘 꾸며놓지 않았다.

그런데 사장실에 있는 회의탁자에 앉아 한쪽 벽을 쳐다보는 순간 정말 멋있는 구호가 적혀 있다는 생각이 들어 메모지에 적어왔다. 이후 기업체 특강에 가면 가끔씩 그 구호를 써 먹었다.

"돈 많이 벌어서 집에 가지고 가자."

그분께 왜 이런 구호를 붙여 놓았냐고 물었더니 "회사에 나왔으면 다른 생각 말고 열심히 일해서 돈을 많이 벌어 집에 가지고 가는 게 최고가 아니겠습니까?" 하는 대답이 돌아왔다. 더 이상의 군더더기가 필요 없이 지극히 단순하면서도 명쾌한 답변이었다. 사장이라고 다 부자는 아니겠지만, 그 사장은 좋은 부자 대열에 드는 사람이라는 생각이 들었다. 자신이 운영하는 회사의 직원들을 모두 부자로 만들어주는 사람보다 더 좋은 부자가 어디 있겠는가? 또 잘 운영해 회사를 키움으로써 더 많은 사람을 고용하고 더 많은 원재료를 구입하는 경우에도 누구에 못지않은 좋은 부자라고 할 수 있을 것이다.

여기에 좋은 부자의 조건을 하나 더 더한다면 '사회환원'이라고 할 수 있다. 돈을 많이 번 부자로서 사회에 부를 환원함으로써 더불어 살아가는 '노블리스 오블리주(Noblesse Oblige)'를 실천해야 한다는 말이다. 사회에 대한 가진 자의 도덕적 의무이자 실질적인 자선을 포함하는 노블리스 오블리주는 서양의 로마시대와 우리나라의 삼국시대부터 있었던 부자 또는 권력층의 좋은 전통이다. 가진 자가 가지지 못한 자에게 가진 것을 나눠주는 일뿐만 아니라, 가진 자가 전쟁에 앞장서거나 의로운 죽음을 두려워하지 않는 것 또한 노블리스 오블리주의 전형이다.

로마제국이 2000년 역사를 유지할 수 있었던 가장 큰 배경은 귀족들의 노블리스 오블리주 때문이었다. 전쟁이 나면 귀족들이 앞을 다퉈 재산을 내놓고 자신은 물론 자식들을 전쟁터의 선봉에 세웠다. 귀족들이 전쟁에 나가 너무 많이 죽어서 원로원의 귀족이 모자랄 지경이었다고 한다. 이와 같은 전통은 영국 등 유럽은 물론 신생국 미국에도 이어졌다. 예를 들어, 영국이 1차 대전 이후 국력이 약해지기 시작한 것은 전쟁 때 유능한 청년들이 너무 많이 죽었기 때문이라는 지적도 있다. 통계에 따르면 영국은 1차 대전에 총 890만 명이 참전하여 전사자가 91만 명, 부상자가 209만 명, 포로 또는 실종자가 19만 명에 달했다. 전사자 중에서 대학출신의 젊은 장교층이 가장 높은 사망률을 보이면서 영국의 엘리트 집단에 커다란 구멍이 뚫리게 되었고, 이것이 이후 경제에도 악영향을 미치게 되었다는 것이다.

우리나라 신라시대에도 이에 못지않은 전통을 찾아볼 수 있다. 660년 삼국통일 전쟁에 나선 신라는 황산벌에서 백제의 계백장군과 최후의 일전을 치렀다. 4차례의 싸움에서 연이어 밀리자 김유신 장군의 동생 김흠춘 장군은 아들 반굴에게 "신하가 되어서는 충성이 제일이요, 자식이 되어서는 효도가 제일이니, 이러한 위기를 당하여 목숨을 바친다면 충성과 효도를 모두 다하는 것"이라고 말했다. 이에 반굴이 곧 적진으로 달려들어 용감하게 싸우다가 장렬히 전사하였다. 이어서 품일 장군이 여러 장수들 앞에서 아들 관창에게 "네가 오늘 전투에서 삼군의 모범이 될 수 있겠는가?"라고 물었다. 이에 관창 또한 적진으로 달려들어 생포되었다가 계백장군의 배려로 풀려난 후 또 다시 전쟁터에 나가 결국 전사하고 만다. 반굴과 관창 둘 다 화랑이었으며 특히 관창은 16세에 불과했다. 두 장수의 아들들이 연이어 용감하게 싸우다 전사하자 신라 군사들이 죽음을 각오하고 계백의 군사와 싸워 이길 수가 있었다.

이와 같은 노블리스 오블리주 전통은 조선시대에도 면면히 이어지고 있다. 황희와 유성룡이 존경을 받는 것은 그들의 행정능력이나 위기 대처능력 외에도 청백리(淸白吏)로서의 위치를 높게 평가하기 때문일 것이다. 또한 임진왜란과 정유재란 기간 동안 일어난 의병은 대다수가 양반 계층에 의한 것이었다. 안규홍·신돌석과 같은 평민출신 의병장이 없었던 것은 아니지만, 재력으로나 평판으로나 유리한 입장에 있는 곽재우와 같은 양반들이 재산도 내놓고 앞장서서 의병활동을 하여 관군 이상의 전과를 올리기도 하였다. 이와 같은 양반들의 의병활동은 구한말은 물론 일제의 한일합방 이후 광복 때까지 항일투쟁과 독립운동으로 이어졌다. 한일합방이 되자 온 집안이 의병과 독립운동가로 항일투쟁에 나섰던 왕산 허위 일가, 6형제가 모두 만주로 가서 독립운동에 몸 바친 우당 이회영 일가, 3대가 독립운동에 헌신한 석주 이상룡 일가 등 3대 항일 가문의 노블리스 오블리주는 오늘의 우리나라가 있게 한 초석이라고 할 수 있다. 다만 그들의 후손들이 중국과 러시아, 중앙아시아로 뿔뿔이 흩어져 제대로 대우를 받지 못하고 있다는 사실이 애석할 뿐이다.

조선 중기부터 일제시대에 이르기까지 300년 10대에 걸쳐 만석의 부를 세습한 경주 최 부잣집은 세계 어디에 내놓아도 자랑스러운 좋은 부자의 사례라고 할 수 있다. 이외에도 계급사회에서 상인으로 어렵게 번 돈을 아낌없이 사회에 환원한 임상옥, 여자로서 많은 돈을 벌어 가난한 사람을 구제하고 학교를 세우는 등 좋은 일에 쓰고 간 김만덕과 백선행 등이 있다. 현대에 와서는 "기업의 소유주는 사회

다. 단지 그 관리를 개인이 할 뿐”이라며 전 재산을 사회에 기부한다
는 유언장 한 장을 남기고 간 유한양행의 창업자 유일한 같은 분이
이들의 전통을 이어가고 있다.

반기업(부자) 정서의 심리

2005년 5월 삼성그룹의 이건희 회장이 고려대학교로부터 명예철학박사 학위를 받는 수여식이 파행을 겪었다. 받는 측이나 주는 측 모두 명예로워야 할 학위 수여식이 학생들의 반대 시위로 계획대로 진행되지 못했다. 상당수 학생들이 시위에 나선 학생들을 비판하기도 했지만 일은 벌어지고 말았다. 이때 나온 이야기가 시위를 한 학생들을 상대로 "가장 가고 싶은 회사가 어디냐?"라고 물어보자는 것이었다. 아마도 '삼성전자'가 가장 많을 것이라는 게 다수 의견이었다. 이와 함께 수많은 학생들이 입사하고 싶은 회사, 반도체 등에서 세계 1등 제품을 생산해내는 글로벌회사를 키워낸 대주주이자 최고 경영자에게 최소한의 예우도 하지 못했다는 여론의 질타를 받았다.

시위에 나선 학생들은 어떤 마음이었을까? 이건희 회장 개인에 대한 반감일 뿐 삼성에 대한 반감은 아니라고 항변할 것인가? 이 회장이 400여억 원을 지원한 '100주년 기념 삼성관' 이라는 좋은 환경에서 공부하는 것은 좋지만 그 돈을 낸 이 회장은 싫다는 것인가?

국책연구기관인 한국개발연구원(KDI)이 2007년 5월에 발표한 반기업 정서 실태조사결과에 따르면 일반 국민들의 경우 기업 일반에 대해 대체적으로 호감을 보인 것으로 나타났다. 호감도 조사에서 '호감' 이 37.8%, '보통' 이 31.4%, '반감' 이 30.7%로 호감이라는 응답이 더 많았다. 일반 국민과 별도로 조사한 그룹별로는 경제전문가(78.4%), 공무원(72.0%), 국회의원(68.6%), 기자(61.2%)의 경우 응답자의 60% 이상이 호감을 나타낸 것으로 집계되었다. 반면 노조간부의 경우 호감은 19.0%에 불과한 반면, 반감이 65.0%에 달하는 것으로 나타나 기업에 대해 가장 반감을 많이 가진 그룹으로 나타났다.

일반 국민의 경우 호감이 근소한 차이로 더 많기는 했지만 3명 중 1명꼴로 기업에 대해 반감을 가지고 있다는 것은 사실 심각한 상황이라고 할 수 있다. 기업이 경제의 엔진이자 핵심역할을 하는 자본주의 국가에서 일반 국민 3명 중 1명이 기업에 반감을 가지고 있다면 기업이 제대로 활동하기가 어렵기 때문이다.

그렇다면 이들이 반감을 가지는 대상과 이유는 무엇일까? 일반 국민들은 반기업 정서의 대상으로 91.5%(이하 복수 응답)가 '재벌' 을 꼽았다. '오너 경영인(76.0%)', '부자(61.5%)', '공기업(55.0%)' 이 그 뒤를 이었다. 이들은 반기업 정서를 가지게 된 이유에 대해 분식

회계·편법상속 등 비도덕적인 경영을 59.3%로 가장 많이 꼽았고, 정경유착(29.7%), 중소기업에 대한 횡포(24.7%), 노동자에 대한 부당한 대우(23.6%), 오너(소유주) 및 대주주의 독단(20.3%), 독과점 또는 문어발 확장(17.0%)의 순이었다.

결국 일반 국민들이 가진 반기업 정서의 원인이 기업 외부보다는 내부 자체에 있다는 쪽으로 의견이 모아졌다. 특히 조사대상자 중 경제전문가그룹의 경우 97.2%가 반기업 정서의 원인이 '대부분 기업 자체의 문제'인 것으로 인식하고 있는 것으로 집계되었다. 이와 같은 견해에 대해 기업인들도 대체로 공감하고 있는 것으로 나타났다. 기업인들을 상대로 한 조사에서 응답자의 절반 정도(48.5%)가 반기업 정서의 원인이 기업 자체에 있다고 응답한 것으로 나타났다.

그나마 KDI의 조사 결과는 기업에 대한 호감이 반감에 비해 더 높게 나왔다는 점에서 긍정적인 결과라고 할 수 있다. 2003년부터 일반 국민들의 '기업호감도(Corporate Favorite Index, CFI)'를 발표하고 있는 대한상공회의소와 현대경제연구원의 조사결과를 살펴보자. 기업호감지수는 기업에 대해 호의적으로 느끼는 정도를 지수화한 것으로 ① 국가경제 기여도 ② 윤리경영 ③ 생산성 ④ 국제경쟁력 ⑤ 사회공헌 등 5대 요소와 전반적 호감도를 합산하여 산정한다. 지수가 100점에 가까울수록 호감도는 높아지며 반대로 0점에 가까울수록 낮아지는데 50점을 반감과 호감으로 나눠지는 보통수준으로 볼 수 있다. 지난 2003년 말 첫 번째 조사에서 38.2점을 기록한 기업호감지수는 이후 44.4점(2004년 12월), 48.5점(2005년 11월)으로 높아진 뒤 2006년 말에는 처음으로 50점(50.2점)을 넘어섰다. 하지만 2007년 상반기에는 48.1점으로 다시 하락해 국민의 기업호감도가 다소 불안정한 양상을 보이고 있다고 평가할 수 있다. 기업호감지수를 5대 구성요소별로 살펴보면 '국제경쟁력(68.0점)'과 '생산성 향상(59.4점)', '국가경제 기여(51.6점)'는 평균 점수를 웃돈 반면 '사회공헌 활동(37.4점)'과 '윤리경영(18.8점)'은 평균을 밑돌았다.

이 조사에서 일반 국민들은 기업이 국가경제에 기여하고 일자리를 제공한다는 점에서 호감을 가지는 반면, 비윤리경영이나 경영세습 등 족벌경영, 근로자의 희생강요 등에서 호감이 가지 않는다고 대답했다. 또 기업활동의 우선순위를 묻는 질문에서는 '이윤창출'이라는 응답이 59.6%로 높았지만, '부(富)의 사회환원'이라는 응답도 40.4%에 달해 기업의 사회적 책임에 대한 국민들의 요구가 적지 않은 것으로 나타났다.

특기할 것은 기업에 대한 부정적 인식은 점차 호전되고 있는 반면, 부자에 대한 인식은 여전히 부정적이라는 점이다. 일반 국민의 67.3%가 '부자들이 부정적인 방법으로 부를 축적했을 것'이라고 생각하고 있는 반면, '정당한 방법으로 노력해서 부를 축적했을 것'이라는 응답은 32.7%에 불과한 것으로 조사됐다. 물론 '부자들이 부정한 방법으로 부를 축적했을 것'이라는 응답이 2003년 76.8%에서 67.3%로 낮아지기는 했지만 일반 국민 3명 중 2명이 아직도 부자에 대해 부정적 인식을 가지고 있는 셈이다.

이처럼 우리나라에서 반기업 정서 또는 부에 대한 부정적 인식은 어제 오늘 일이 아니라고 할 수 있다. 그렇다면 이와 같은 우리나라의 반기업 정서를 다른 나라와 비교하면 어느 정도일까? 좀 오래된 통계이기는 하지만 다국적 컨설팅 회사인 액센추어(Accenture)가 2001년 세계 22개국 880개 기업의 최고경영자(CEO)를 대상으로 '세계 각국의 반기업 정서 조사'를 실시했다. 이에 따르면 우리나라 최고경영자의 70%가 '국민들 사이에 기업인에 대한 부정적 인식이 있다'라고 대답했다. 조사대상 22개국 중 가장 높은 수치로 2위의 영국(68%)은 물론 일본(45%), 싱가포르(28%), 미국(23%), 대만(18%) 등에 비해 크게 높은 수준이었다. 국가별로 비교해 보더라도 우리나라의 반기업 정서가 매우 높은 상황이라고 말할 수 있는 대목이다.

액센추어의 조사가 CEO를 대상으로 한 것이라면 일반 국민들을 대상으로 한 조사에서도 우리나라의 반기업 정서는 상대적으로 높은 것으로 나타나고 있다. 중앙일보의 한·중·일 3개국 일반 국민들을 대상으로 한 조사(2006년 8월 29일자)에 따르면 "대기업을 좋게 생각하느냐?"라는 질문에 대해 중국이 82.6%로 가장 높았고, 일본이 65.5%인 반면, 우리나라는 57.3%로 가장 낮은 것으로 나타나고 있다. 우리나라가 공산주의 국가인 중국에 비해서도 반기업 정서가 높다는 것은 특기할 만한 점이다. 대기업 오너에 대한 호감도에서도 중국은 75%가 호감을 표시한 반면, 우리나라는 61.1%에 그쳤다. 특히

'기업 오너가 사망 등의 이유로 개인 재산을 처리할 때 어떻게 해야 하느냐?' 라는 설문에 대해 중국인들은 63.6%가 '오너의 자유의사에 맡길 문제' 라고 대답한 반면, 우리나라 사람들은 77.6%가 '일부 또는 전부 사회에 환원해야 한다' 라고 대답하였다.

한 가지 재미있는 부분은 앞에서 언급한 고려대학교 학생들의 이중성이 부모들에게도 드러나고 있다는 점이다. '자녀에게 원하는 경제활동이 무엇인가?' 라는 설문에 우리나라 부모들은 대기업 근무가 39.4%로 가장 높았고, 창업(31.8%)과 중소·벤처기업 근무(20.7%)가 그 뒤를 이었다. 하지만 '중소기업은 반드시 보호해야 하는가?' 라는 설문에서는 그렇다가 한국이 84.6%로 중국(50.6%)과 일본(28.2%)보다 훨씬 더 높은 것으로 나타났다. 중소기업을 보호해야 한다면서도 내 자식은 대기업을 보내고 싶은 게 대한민국 부모들의 이중적인 현주소라고 할 수 있다.

기업의 사회적 책임을 가장 많이 강조하고 있는 나라도 우리나라이다. 기업의 목적을 묻는 질문에서 우리나라는 '사회와 국가의 발전' 이 34.4%로 가장 높은 반면, '기업이익과 발전' 은 16.7%에 불과했다. 반면 중국의 경우에는 '기업이익과 발전' 이 59.4%로 압도적으로 많았고, '사회와 국가의 발전' 은 12.4%에 그쳤다. 일본은 '근로자 복지와 발전(30.2%)' 과 '기업 이익과 발전(27.6%)' 이 앞자리를 차지하고 '사회와 국가의 발전' 은 20.0%를 기록했다.

미국에서도 기업의 목적과 책임에 대한 논란이 없는 것은 아니다.

기업이 이익을 내는 데만 급급할 게 아니라 사회와 국가의 발전과 같은 보다 큰 목적도 염두에 두어야 한다는 주장이 목소리를 내고 있기도 하다. 하지만 노벨경제학상을 받은 시카고 대학교의 밀턴 프리드먼 교수와 같은 이는 "기업의 책임은 단 하나"라면서 "경제적 성과를 달성하는 것"이라고 주장한다. 이때 기업의 경제적 성과는 바로 이윤 창출이다. 기업이 좋은 상품과 서비스를 만들어내서 이윤을 창출하고 이를 통해 사람을 더 많이 고용하고 세금을 더 많이 내는 것이 기업의 목적이자 존재 이유라는 것이다.

결론적으로 우리나라 사람들은 돈이 최고라고 생각하면서도 막상 돈을 많이 번 사람이나 기업에 대해서는 부정적인 인식을 가지고 있다고 할 수 있다. 물론 그간 분식회계 · 편법상속 등과 같은 비도덕적 경영을 하거나 정경유착, 중소기업에 대한 횡포와 같은 기업의 비리 또는 비도덕성이 알게 모르게 대다수 국민들의 마음에 뿌리 깊게 자리 잡았기 때문이라고 할 수 있다.

하지만 한 가지 다행인 것은 최근 체감경기와 체감고용상황이 계속 나빠지면서 이와 같은 반기업적 정서가 호전되고 있다는 점이다. 경제를 성장시키고 이끌어가면서 일자리를 창출하는 것은 기업뿐이라는 공통적 인식이 조금씩이나마 자라나고 있기 때문일 것이다. 지난 12월 대통령 선거에서도 이와 같은 인식이 잘 드러났다고 할 수 있다.

그러나 경기와 고용이 호전될 경우 이와 같은 인식이 다시 부정적으로 바뀔 가능성도 배제할 수는 없다. 따라서 이럴 때일수록 기업들 스스로, 일반 국민들이 기업과 부자에 대해 가진 인식을 바꿔놓을 수 있도록 사회적·도덕적 의무를 다 하는 데 인색하지 말아야 할 것이다. '절이 싫으면 중이 떠나면 그만'이라는 말만 하면서 해외로만 나가려고 할 경우 국민들의 반기업 정서는 더 커지게 될 것이다. 그렇다고 해서 글로벌화 또는 해외진출을 추진하지 말라는 이야기는 아니다. 일부 기업의 경우 글로벌화를 통해 본부 또는 본점의 의미가 없어지는, 말 그대로 다국적 글로벌 기업이 될 것이다. 하지만 나머지 대다수 기업의 경우 글로벌화 또는 해외진출에 나설수록 핵심분야와 핵심 일자리는 우리나라에 남을 것이고, 글로벌화를 추진할 핵심인력 또한 우리나라 사람이 대다수를 차지할 것이다. 특히 우리나라의 경우 쏠림현상이 강한 나라인 만큼 한번 국민들이 돌아서기 시작하면 어느 나라 국민보다도 기업을 사랑하고 부자를 존경하는 국민이 되리라는 것을 믿어 의심치 않는다.

부자와 시지프스의 역설

　　"우리나라의 졸부들은 자신이 어떻게 부를 축적했느냐에 따라, 사회적인 위치와 소명감을 생각하기보다 내가 이렇게 돈이 있으니 남들이 대접해 주길 원한다."

　부자를 연구하는 어느 모임에서 만난, 재무전문가로 일하는 분이 한 이야기이다. 땀과 노력으로 부를 축적한 사람의 경우 자신의 사회적 위치와 소명감을 생각해야 한다는 뜻일까? 아니면 졸부들이 돈으로 다른 사람들의 대접을 기대하는 것이 문제라는 뜻일까? 어떤 경우이든 한 가지 분명한 것은, 한국사회에서 갑작스럽게 부를 얻은 사람들이 자신이 가진 돈을 담보로 남들에게 대접받기를 원하는 심리를 지적하고 있다는 점이다. 재무전문가라면 부자들을 많이 상대하였을 직업인데, 정작 한구석에 숨어있는 '안티 부자' 정서가 읽혀지는 듯한 표현이었다. 그러나 다른 한편으로는 부자의 심리를 제대로 파악하지 못하고 있는 것은 아닐까?

인간은 누구든지 항상 자신과 남들로부터 대접받고 싶어 한다. 오죽했으면 수천 년 전 예수님도 "남으로부터 대접받기보다는 남을 대접하라"라는 말씀을 하셨을까? 부자가 돈으로 대접받고 싶은 것이 잘못되거나 이상한 것은 전혀 아니다. 또한 이것은 갑자기 생겨난 부자이든 오래전부터 부자이든 부를 어떻게 축적하였는가에 따라 차이가 있을 이유가 없다. 그런데 왜 부자는 자신이 가진 돈으로 대접을 받으려고 하지 말고 자신의 사회적 위치와 소명감을 생각해야 할까? 이것이 부자가 아닌 사람이 부자에 대해 가진 가장 전형적인 편견인 동시에 선입관이다. 부자는 자신이 가진 돈이 아닌 다른 것으로 인정받고 또 존경받아야 한다는 일종의 미신이라고 할 수 있다.

우리는 부자를 그들이 가진 돈으로 대접해야 한다. 그들의 사회적 위치와 소명감으로 부자를 대우하려고 한다면 우리 사회는 정말 혼란스럽고 살기 힘든 사회가 될 것이다. 왜냐하면 사회적 역할과 소명감은 가진 돈에 의해 결정되는 것이 아니라 각자가 가진 삶의 가치와 각기 다른 사회적 역할에 의해 정해지기 때문이다. 그것이 부에 의해 결정된다고 믿는다면 그것은 부자들의 세상, 부자들이 욕을 먹는 또 다른 세상을 만들어내게 될 것이다.

자신이 가진 것이 돈밖에 없다고 믿는 사람이라면, 자신이 대접받을 수 있는 유일한 방식이자 수단은 돈이다. 가진 것이 지식밖에 없는 인간은 지식으로 대접받아야 한다. 가진 것이 학벌밖에 없는 사람은 학벌로 대접받기를 원할 것이다. 가진 것이나 자신이 한 것이 사회봉사라면 그것으로 대접을 받아야 한다. 자신이 해왔고 또 잘하거나 남과 구분되는 것으로 대접받는 것은 전혀 이상하지 않다. 우리 사회가 정상적이라면 모두 각자 그 사람이 가진 것을 가지고 대접을 해야 한다. 하지만 사회가 사람을 대접할 때 그 사람이 '가진 것'이 아니라 모두가 '가지고 싶은 것'을 기준으로 대접을 받고 싶고 또 대접을 하려고 하면 부자의 사회적 역할과 부자 대접에 대해 상식 밖의 이야기를 할 수밖에 없게 되는 것이다.

왜 우리는 부자가 자신이 가진 돈으로 대접을 받으려고 하는 것에 대해 이상하게 생각하거나 불편하게 느낄까? 미모를 뽐내는 '미스코리아'를 생각해 보자. 만일, 어떤 사람이 미스코리아가 되었을 때 그 사람이 자신의 미모 때문에 대접받기를 바라는 것은 전혀 이상하지 않다. 그럼에도 불구하고 이 미모를 뽐내는 사람이 지적이고 교양 있는 모습을 보일 때 사람들은 더욱 그 사람을 달리 대접한다. 미모에 교양과 지식까지 겸비하면 더욱 훌륭한 사람으로 평가받을 수도 있지만, 때로는 그 미모에 미치지 못하는 지식이나 교양을 자랑하다가 우스꽝스러운 상황에 처할 수도 있다. 이런 경우, 마치 졸부를 보는 것과 비슷한 비웃음을 살 수도 있다. 그런데 하나의 기준으로 뛰어난 사람에게 또 다른 기준으로도 훌륭한 자질이나 특성이 있는 것을 왜 우리는 잘 인정하지 않을까? 돈이 많은 사람이 사회적 명예와 권력을 가지려고 할 때 사람들이 그 사람에 대해 불편한 감정을 쉽게 드러내는 이유는 무엇일까?

　우리 사회에서는 단지 돈을 가졌다는 이유 때문에, 아니 돈을 남들보다 많이 가졌기 때문에 돈으로 대접받고 싶어 하는 사람을 졸부 또는 적절하지 않은 행동을 하는 사람이라고 비난하는 경우가 많다. 재무전문가가 보았던 부자들처럼 돈으로 자신이 대접을 받으려 하는 것이 너무나 당연한 행동임에도 불구하고 이들을 비난하는 심리는 어떻게 된 것일까? 부자에 대해 우리가 가진 미신을 확인하게 되는 것은 바로 이와 같은 우리의 역설적인 마음과 행동을 설명해야 하기 때문이다.

　돈이 대접받는다는 자본주의 사회에 살고 있는 우리 모두는 부유하게 살고 또 많은 돈을 벌기를 원하는 꿈을 가지고 있다. 이 사회에 살고 있는 대다수 사람들의 평범하고도 진실한 꿈은 '돈을 벌자'이다. 돈을 버는 것이 무엇보다 중요하다고 느낀다. 돈이 가장 중요한 '가치'이고, 돈에 대한 꿈을 이루는 것이 자신의 삶의 목표이다. 부자가 부자처럼 살 수 없는 사회에서 모든 사람들이 부자가 되기를 원한다면, 그것은 스스로 자신의 존재감과 정체성을 부정하는 행위가 된다. 자신이 끊임없이 추구하고 간절히 원하는 것을 위해 열심히 노력하지만 어느 순간에는 자신도 모르는 사이에 그것을 다시 허물고 부정하는 행동을 한다. 그리스 신화 속에서 끊임없이 산 위로 바위를 굴러 올렸다가 떨어뜨리고 다시 올려야 하는 시지프스의 삶이 생각

난다.

"성공하세요", "부자되세요"를 부르짖고, 성공과 부자를 향해 나아가는 우리는 모두 시지프스의 삶을 살려고 노력하는 것이다. 우리 사회가 부자를 그들이 가진 돈으로 대접하고, 또 부자가 아닌 사람을 그들이 가진 또 다른 가치로 대접할 때 우리 삶의 시지프스는 오랜만의 휴식을 가질 수 있을 것이다.

제III장

나쁜 부자

나쁜 부자의 허위와 교만

부자들은 자신의 이기심을 두 가지 양극단의 방식 중에서 선택하는 경우가 대부분이다. 자신의 이기심을 개인차원에서 100% 충족시키려는 것이 왼쪽의 축(개인적 이기심의 축)이고, 자신의 이기심을 사회전체 차원에서 100% 충족시키려는 것이 오른쪽의 축(사회적 이기심의 축)이다. 왼쪽축의 극단에 있는 개인 이기적인 부자는 "돈에 악귀가 받친 더러운 부자"라고 불리고, 반대로 오른쪽축의 극단에 있는 사회 이기적인 부자는 "하늘이 내려주신 천하의 존경 받는 부자"라고 불릴 것이다. 그리고 양축의 중간에 속하는 부자들이 다수 있다. 필자가 그동안 연구해온 결과에 따르면 전체부자 중에서 왼쪽 끝에 속하는 '잡귀부자' 는 10% 내외이고, 오른쪽 끝에 속하는 '천사부자' 는 3% 내외, 나머지 중간지역에 대부분의 부자들이 속해 있는 것으로 추산된다.

개인차원의 이기심만 충족시키려고 하면 돈 이외의 모든 것을 잃게 된다. 개인적 이기심(personal self-interest)이란 금전욕구 충족이 인생의 전부라는 것을 의미한다. 어느 부동산임대업을 하는 개인적으로 이기적인 부자는 임대수입은 주위보다 120% 받아내면서 임대료가 하루만 늦어도 야단이 난다. 그러나 국가의 법에 정해진 임대소득에 대한 부가가치세는 실수입의 30%만 신고하면서도 항상 엄살이다. 현금수입이 많은 한의원이나 음식점을 하는 개인적으로 이기적인 부자는, 폐기처분하여야만 하는 약재료나 음식재료를 버젓이 손님에게 내주는 더러운 마음을 가지고 있다. 자기 자식들에게는 "병은 스스로 고쳐야하는 거야" 하면서 병원출입을 금지시키고, "밥은 엄마가 해주는 것이 최고야" 하면서 음식점 출입을 원천봉쇄한다. 환자와 손님이 병들어가는 대신에 벌어들이는 더러운 돈의 향연만 아는 부자이다. 그들은 남들은 속여도 자기양심까지는 속이지 못해 한 달에 수백만 원하는 개인 경호원들을 가족마다 붙여주고 집 안팎으로 레이저경비를 물 샐 틈 없이 해도 마음은 언제나 불안하다. 돈만 알다가 십중팔구 불면증에 시달려서 이 세상의 어떠한 병에 걸린 것보다 더 처참하게 죽어가게 될 것이다. 돈만 알았던 것에 대한 자연의 저주라고 할 수 있다.

수만 명의 눈 먼 신도들이 가져다 바치는 헌금 덕분에 어느 재벌회장 부럽지 않게 사는 사이비 종교집단의 교주는 몸이 약간만 불편하면 수맥검사를 마친 1,500만 원짜리 이불 위에 자신의 몸을 내려놓는다. 혹세무민의 천재적인 입술에 매혹된 수많은 젊은 여성들이 이불 주위에서 교주의 병세호전을 위해 혼신의 노랫소리를 지저귄다. 가느다란 교주의 눈에 띈 미모가 뛰어난 젊은 여신도의 손을 슬쩍 잡아도 그녀가 뿌리치지 못하는 위력의 소유자이다.

땀 한 방울 흘리지 않고 거부(巨富)를 무혈상속 받은 집안의 일부 못된 자손은 보통 사람의 서너 달치의 월급정도 되는 하루 매상을 혼자서 올려주는 조건으로 아방궁 같은 술집에서 황태자와 같은 영향력을 행사한다. 질 나쁜 투자로 돈을 번 부자는 자신의 돈을 맡겨 놓은 금융기관에 가서 자신이 원하는 방향으로 투자하도록 금융기관 종사자에게 영향력을 행사하기도 한다.

가짜 부자는 진짜 부자 흉내를 내지만 사회가 알아주지 않아서 혼자 과욕을 부리거나 혹은 사회적 차별성에 모멸감을 느끼며 산다. 그러나 별 수 없다. 정통파 부자가 아닌, 하늘이 아는 사이비 부자의 한계일 뿐이다. 시장에서 고리대금업으로 서민들의 돈을 긁어낸 후에 스스로 부자라고 칭하는 가짜 부자가 비속한 말투와 천한 몸짓으로 서울 강북지역 전통부자의 고택을 사러 가면 거절당하기가 다반사다.

개발지역에 수만 평 농지를 가지고 있다가 토지보상금으로 수백억 원의 목돈을 손에 쥔 땅부자가 서울 강남 최고급아파트를 무조건 사겠다고 달려들었다. 매물도 별로 없는데 부동산중개업자에게 강하게 밀어붙이자 어느 점잖은 분이 장난삼아서 시가보다 10억 원을 더 올려서 불렀다. 부동산 졸부가 그래도 계약을 하자고 하니 거꾸로 놀란 것은 집주인이었다. 돈 많은 아저씨는 막상 이주하여 들어왔으나 아무도 따뜻한 눈길을 주지 않아서 섭섭한 마음을 혼자 달랬다.

300만 원짜리 정장을 사러 와서는 우리 애가 유치원 때 수석을 하였다는 자식자랑을 한없이 늘어놓는 그런 천한 부자는 이제는 없어졌으면 좋겠다. 하루에 단 한 팀의 손님만 받는 최고급 일식집에 허겁지겁 달려와서는 돈다발을 흔들어대면서 밥 먹게 해달라고 밀어붙이는 사람, 그런 사람은 확실히 가짜 부자다.

02

나쁜 부자는 가고 좋은 부자만 남는다

실제 상황에서는 나쁜 부자를 찾아내기가 어려울 뿐 아니라 나쁜 부자의 경우 행적을 추적하기도 쉽지 않다. 좋은 부자는 그의 행적을 그린 자서전이나 일대기가 남아있지만, 나쁜 부자는 통상 그런 기록을 남기지 않기 때문이다. 게다가 기껏 찾아낸다고 하더라도 나쁜 부자로부터 얻는 교훈이나 지혜는 노력에 비해 상대적으로 크지 않다고 할 수 있다. 아울러 누구를 좋은 부자로 정의하고 누구를 나쁜 부자로 정의할 것인가에도 논란의 여지가 많을 수밖에 없다. 그들의 자손이 현존할 경우 그들에게 누를 끼칠 가능성도 배제할 수 없다. 따라서 여기에서는 나쁜 부자를 찾아내 그의 행적을 들춰내기보다는 나쁜 부자의 유형과 몇몇 부자의 고뇌를 살펴보기로 한다.

근대의 인물 중에 많은 돈을 벌었지만 사회환원은커녕 사기와 횡령 또는 뇌물수수 등의 죄를 범하는 등 사회의 지탄을 받다가 가난뱅이로 죽은 나쁜 부자의 경우를 더러 찾아볼 수 있다. 예를 들어, 1920년대 미국의 가스와 전력회사를 쥐고 흔들면서 최고의 부자로 군림했던 하워드 홉슨은 사기와 탈세혐의로 5년형을 선고받았다. 이 과정에서 회사는 부도가 나고 7,400만 달러에 달하던 자신의 재산도 모두 공중분해되고 말았다. 그는 1949년 67세의 나이로 한 요양원에서 가난하고 쓸쓸하게 죽었다.

뉴멕시코의 부유한 농장주로 상원의원을 거쳐 워렌 하딩 대통령의 내무장관(1921~23년)을 지낸 알버트 폴은 사기와 뇌물수수죄로 내무장관을 그만두게 되었다. 이후 이어진 소송에서 1929년 당시로서는 거금인 10만 달러의 벌금과 1년형을 선고받았다. 하지만 폴은 이미 10만 달러의 벌금을 내지 못할 정도가 되어 있었다.

새뮤얼 인설은 1920년대까지만 해도 미국 중동부 지역 최대의 전력과 철도회사를 운영하는 억만장자였다. 가난한 집안의 자손으로 영국에서 태어나 토머스 에디슨의 눈에 들어 미국으로 이민 온 인설은 40살이 되어서야 결혼을 할 정도로 일밖에 모르는 인물이었다. 군소 전력회사를 인수·합병(M&A)하는 방식으로 키워온 그에게 주식시장의 대폭락에 이은 대공황은 직격탄이었다. 그가 일군 재벌그룹이 일시에 무너지면서 그의 회사에 투자한 100만 명 이상 투자자들의 돈이 휴지조각이 되고 말았다. 인설 자신도 소송에 걸려 고생을 하면서 거의 무일푼이 되다시피 한 가운데 프랑스 파리의 한 전철역

매표소에서 심장마비로 숨을 거두었다. 그의 호주머니에는 단 20센트만 들어있었다.

중국에서는 지난 2006년 벤츠 승용차를 3대나 굴리던 의약품 도매업자가 6년 만에 홈리스로 나앉은 케이스가 보도된 적이 있다. 린쥔옌(林軍言)은 10년 전만 해도 지린(吉林)성 창춘(長春)시에서 잘 나가는 의약품 도매업체 헝성(恒生)실업의 대표이사로 자산이 1천만 위안(약 12억 원)을 넘는 부자였다. 1인당 국민소득이 1,000달러도 채 안 되는 시절이었으니까 큰 부자였다고 할 수 있다. 하지만 그는 번 돈을 유흥비로 흥청망청 탕진하고 잇따른 결혼실패로 3명의 전처에게 돈을 모두 빼앗기면서 6년 전에 거리로 나앉게 되었고, 최근에서야 한 현지 언론사의 도움으로 요양원에 들어갈 수 있었다.

우리나라의 경우에도 일제시대에 인천에 개설되었던 쌀 선물시장인 미두시장에서 엄청난 돈을 벌어 신으로 추앙받던 청년 갑부 반복창을 예로 들 수 있다. 가난한 아전의 아들로 태어나 조선 팔도의 꾼들이 모이는 곳에서 '미두왕(米豆王)'이란 찬사를 받았고, 서울 갑부의 딸과 호화로운 결혼식을 해 세간의 이목을 집중시켰다. 하지만 그도 순간의 판단착오로 전 재산을 날리고 불과 서른의 나이에 중풍을 얻었고 이혼까지 당했다. 지팡이 없이는 걷기도 힘든 불구자가 된 데다 정신까지 이상해져서 매일같이 미두시장 근처를 어슬렁거리며 "쌀값이 오른다", "쌀값이 떨어진다" 하면서 중얼거리다 38살의 나이로 무일푼인 채 세상을 떠났다.

이와 같은 예는 소설에서도 심심찮게 찾아낼 수 있다. 샤일록과 놀부가 대표적인 경우라고 할 수 있다. 둘 다 실존 인물은 아니지만 소설 속에 등장하는 나쁜 부자의 전형이다. 샤일록은 셰익스피어의 희극 '베니스의 상인'에 나오는 유태인으로 악덕 고리대금업자로 나오는 인물이고, 놀부는 흥부전에서 흥부를 몰아내는 고약한 성품의 형으로 나오는 인물이다. 이들은 지독하게 인색하고 인정머리라고는 눈곱만큼도 찾아볼 수 없는 나쁜 부자로 그려지고 있다. 이 둘은 소설에서도 마지막 순간까지 회개할 기회를 갖지 못한다는 공통점을 가지고 있다. 김동인의 소설 '감자'에 나오는 왕서방 또한 나쁜 부자의 전형이라고 할 수 있을 것이다.

소설에서 보다 흔한 경우는 스크루지와 옹고집처럼 나쁜 부자에서 좋은 부자로 개과천선하는 케이스라고 할 수 있다. 이들은 샤일록이나 놀부에 못지않게 나쁜 부자이지만 어떤 계기로 좋은 부자로 돌변하게 된다. 사람들은 샤일록이나 놀부보다는 스크루지와 옹고집에 더 애정을 가지게 되고 세상이 이렇게 변해가기를 원한다. 결국 좋은 부자만 남고, 나쁜 부자는 없는 세상을 원하는 것이다.

나쁜 부자의 실제 사례

가족을 저버린 방탕과 탐욕의 부자와 박물관 : 폴 게티

"세계 최고의 부자이면서도 손자의 납치범에게 몸값을 지불하지 않겠다고 답했다. 납치범들이 손자의 귀와 머리카락을 잘라 보내자 그때에야 몸값을 지불했다. 그것도 협상에 협상을 거쳐 최초로 제시한 몸값의 8분의 1로 만들었다. 놀라운 투자 및 사업수완을 가지고 있었으나 방탕하고 탐욕스러운 행동으로 부모와 자식들로부터 지독한 미움을 받았다. 5번이나 결혼하면서도 부모를 한 번도 초청하지 않았고 아들의 결혼식과 장례식에도 참석하지 않았다. 반항하는 자식들을 길들인다면서 유서를 무려 21번이나 바꿔 쓰는 등 기행을 일삼는 수전노 늙은이였다."

1950~60년대 미국의 부자 서열 1위를 놓치지 않았던 석유재벌 폴 게티에 대한 좋지 않은 부분만 발췌한 것이다. 이것만 보면 이보다 더한 나쁜 부자는 없을 것이다.

게티는 미네소타에서 석유회사를 하고 있는 부잣집의 아들로 태어나 아버지의 사업을 물려받아 재산을 엄청나게 불렸다. 웬만큼 돈이 생기자 어느 날 갑자기 사업을 그만두고 '바람둥이(playboy)'로 살겠다고 공식적으로 선언했다. 이후 20대에 3번이나 결혼과 이혼을 반복하는 등 여성편력이 심했다. 이 바람에 아버지로부터 신뢰를 잃었고 아버지는 아들이 자신의 사업을 말아먹을 것이라고 걱정했다. 아버지는 결국 1930년에 죽을 때 자산 1,000만 달러 중 5만 달러만 게티에게 물려줬다. 가만히 있을 게티가 아니었다. 이후 게티는 어머니와 극심한 유산 분쟁을 벌여 세간의 이마를 찌푸리게 만들었다. 아들을 믿을 수 없었던 어머니는 남편이 남긴 재산을 보호하기 위해 자신의 이름으로 재단을 만들기도 했다.

하지만 게티의 사업수완은 누구나 인정해야 하는 부분이었다. 아버지의 도움을 받기는 했지만 거의 자신의 결단과 노력으로 20세쯤 되었을 때 이미 백만장자의 대열에 들었다. 1920년대 말 대공황이 발생하자 게티는 공격적으로 주식에 투자하기 시작했다. '남들이 팔 때 사고 남들이 살 때까지 가지고 있으라'라는 말은 게티가 후에 『부자가 되는 법(How to be rich)』이라는 베스트셀러에서 말한 것으로, 게티는 그것을 실제 행동으로 보여주었으며 지금은 증시의 격언이 되었다. 당시 주위에서는 미쳤다고 했지만 결국 성공했다. 이와 같은 그의 공격적 투자는 2차 대전이 끝난 후 사우디아라비아의 유전투자에서도 유감없이 발휘된다. 그는 유전이 발견된 적이 없는 사막지대에 4년간 3,000만 달러를 투자한 끝에 대박을 터뜨렸다. 이를 통해 그의 게티 오일 회사(Getty Oil Company)는 세계 8대 석유 기업으로 발돋움했다. 게티는 석유와 천연가스 같은 에너지뿐 아니라 금광, 우라늄, 구리와 같은 광물 자원, 과수원, 목축업, 목재, 제련, 농산물 등 200여 개 사업을 거느리는 대재벌로 올라선다. 1950년대 후반 그의 재산은 20~40억 달러로 추정됐고, 경제잡지 포천(Fortune)은 게티를 미국에서 가장 돈이 많은 사람으로 꼽았다.

하지만 그는 스크루지가 바로 떠오를 정도로 수전노였던 것으로 알려졌다. 자식들에게 용돈도 제대로 안 주는 것은 물론 앞서 언급한 대로 툭하면 재산을 물려주지 않겠다고 위협했다. 손자의 몸값을 지불하지 않으려고 한 것은 잘 알려진 사실이고, 영국으로 이주한 후 튜더(Tudor)의 영지에 들어가 살 때의 일 또한 가십거리를 제공했다. 자신의 집을 업무상 방문한 사업가는 물론 수리공이나 배달부들이 국제전화를 써서 요금이 너무 많이 나온다면서 동전을 사용하는 유료 공중전화를 설치했던 것이다. 부자가 더 인색하다고 했던가? 하지만 게티는 한 인터뷰에서 손님들이 유료 공중전화를 사용하기를 원한다고 생각했다고 둘러댔다.

게티가 사업과 여자 외에 생전에 집착을 보인 또 하나가 예술품 수

집이다. 그는 세계 각지의 예술품과 유물을 총 30억 달러어치 사들여 로스앤젤레스에 세운 폴 게티 박물관에 기증했다. 1953년에는 자신의 이름으로 재단을 만들었고, 1954년에는 박물관을 개관했다. 1976년 죽을 때는 자신의 모든 부동산을 이 재단에 기부했다. 폴 게티 재단은 2006년 6월말 90억 달러의 자산을 보유하고 있으면서 비주얼 아트, 인문과학, 박물관과 연구소 등에 지원하고 있었다. 폴 게티는 갔어도 그의 이름은 박물관처럼 계속 이어지고 있는 것이다. 이제는 우리도 그의 이미지를 바꿀 때가 되지 않았을까?

자비로운 폭군형 부자 : NCR의 존 패터슨

기업의 최고경영자(CEO)의 유형에 대해 다음과 같은 우스개가 유행한 적이 있다. '똑게'는 똑똑하지만 게으른 형, '똑부'는 똑똑하면서도 부지런한 형, '멍게'는 멍청한 동시에 게으른 형, '멍부'는 멍청하지만 부지런한 형이라는 것이었다. 이 구분이 CEO가 똑똑한가, 부지런한가를 기준으로 하고 있다면 '자비형'과 '폭군형'은 CEO가 직원이나 주위 사람에게 얼마나 자비로운가 아니면 폭군처럼 행동하는가에 따른 구분이라고 할 수 있다. 부자 또한 비슷한 기준으로 평가할 수 있을 것이다.

그런데 여기 '자비로운 폭군형 CEO'라고 불린 사람이 있다. 존 패

터슨은 1884년부터 1921년까지 당시 세계 최대의 금전등록기 회사였
던 NCR(National Cash Register Co.)의 창립자 겸 사장이었다. 인
터넷 사전 '위키피디아'는 패터슨을 혁신적 기업가, 영업의 천재, 진
보주의자, 애국자인 동시에 '자비로운 폭군(benevolent tyrant)'이라
고 표현하고 있다. 패터슨이 왜 이런 상반된 평가를 받게 되었을까?

패터슨은 기행(奇行)으로 유명한 인물이었다. 그의 직원에 대한 처
우는 3단계로 알려져 있다. 첫 번째는 직원의 자존심 또는 체면을 무
너뜨리는 것이고, 두 번째는 자존심을 완전히 새로 세우는 것이고,
세 번째는 그 직원을 해고하는 순서였다. 한 임원은 자신의 책상과
의자가 회사 잔디에서 불타고 있는 것을 보고 해고된 것을 알았다.
미국의 위대한 발명가 중의 한 사람인 찰스 케터링(자동차 시동장치
및 디젤 엔진 등을 개발)은 패터슨이 던진 도끼를 다섯 번 이상이나
받았으며 한번은 회사의 승마 이벤트에서 그가 탄 말이 거의 맞을 뻔
하기도 했다.

패터슨은 '잘못을 한 직원에게는 설명의 기회도 주지 않으면서 "당
신이 말한 모든 것, 당신이 한 모든 것은 틀렸다"라면서 몰아붙였다.
예를 들어 "왜 오늘 국기가 걸려 있느냐?"라는 질문에 대답을 못한다
거나 말을 잘 못 탄다는 이유로도 해고당하기도 했다. 이 경우에는 자
비라고는 눈곱만큼도 없는 CEO였던 셈이다.

앤드류 카네기와 존 록펠러와 같은 시기에 활동한 그이지만 패터
슨은 오너 겸 경영자로서 매우 독특한 1인 경영방식으로 인해 비난을

받았다. 그의 기행은 이 정도에서 끝나지 않았다. 건강염려증이 있던 패터슨은 회사 내에서는 자신이 '유해 식품(harmful foods)'이라고 못 박은 빵, 버터, 차와 커피, 소금과 후추를 먹지 못하도록 했다. NCR의 임직원들은 6개월에 한 번씩 체중을 재고 신체검사를 했으며 한동안 음식을 32번 씹어서 넘기도록 했다. '새롭게 시작해야(start clean)' 한다면서 갑자기 임원들의 책상 안에 든 내용물을 죄다 쓰레기통에 버리기도 했고, 자신이 좋아하는 숫자 '5'에 지나치게 집착하기도 했다. 패터슨은 성미가 매우 급해 책상을 뒤집어엎거나 옷을 찢기도 하고 물을 바닥에 뿌리기도 했다.

하지만 패터슨이 미치광이 짓만 한 것은 아니었다. 그는 업계에서 처음으로 영업사원별 영업구역을 지정하고 판매권유문을 정형화해 교육을 시켰다. 또 직원제안에 대해 포상금을 지급하고 고객 앞으로 직접 우편을 보냈다. 우수 영업사원들을 모아 시상하는 연차사원총회 개최도 패터슨이 가장 처음으로 내놓은 아이디어였다. 1893년 당시까지만 해도 어두컴컴하면서도 열악한 환경에서 오랜 시간 동안 일하는 '노동착취공장(sweatshops)'이 많은 상황에서 천장을 유리로 만들고 여닫을 수 있는 현대식 공장건물을 지었다. 또 공장부지 내에 잔디를 깔고 건물을 컬러로 칠하고 공장 가까운 곳에 직원 숙소를 만들었다. 또 공장이 있는 데이턴 시를 위해 공원을 기증하기도 했다.

특히 패터슨은 회사 연수원을 설립해 직원들에게 영업과 관련된 교육을 시키거나 자신만의 독특한 스타일을 강의한 것으로도 유명하다. 한 통계에 따르면 1910~30년 사이 미국의 최고경영자 6명 중 1명이 NCR 출신으로 패터슨이 세운 연수원에서 교육을 받은 것으로 나타났다.

1913년 패터슨과 NCR의 임원 29명은 반독점법을 위반한 혐의로 유죄를 선고받았다. 경쟁기업으로부터 제품을 구입하는 것을 막기 위해 '깡패(knockout man)'들을 동원해 위협하기도 했고, 금방 망가질 제품에 경쟁기업의 로고를 붙여서 팔기도 했기 때문이었다. 1년의 실형을 선고받은 패터슨은 신이 준 시련이라면서 항소를 포기하겠다고 밝혀 사람들을 놀라게 만들기도 했다. 이후 항소에서 일부 무죄를 선고받기는 했지만 역시 패터슨 다운 기행이라는 비판을 받았다.

같은 해 봄 마이애미 강이 폭우로 넘쳐흘렀을 때의 일이다. 패터슨은 그의 회사가 있는 데이턴 지역이 위험하다고 판단하고 전 직원에게 보트와 빵을 만들라고 명령했다. 제방이 무너진 날 NCR 직원들은 그들이 직접 만든 275대의 보트와 2,000개의 빵으로 수백 명의 이재민들을 구출해낼 수 있었다. 300여 명이나 사망할 정도로 큰 재난이어서 패터슨은 졸지에 국민적 영웅이 되었다. 이에 감동한 법원이 재심을 명령하자 패터슨은 아주 개성적인 방법으로 재심명령을 축하했다. 그와 함께 피고로 법정에 섰던 임원들을 몇 달 내에 모두 회사에서 해고하고 말았던 것이다. 어쨌든 당시 우드로 윌슨 대통령은 패터슨과 임직원들의 영웅적인 행동을 크게 치하하면서 전원 사면해 주었다. 이때 해고당해 회사를 떠난 사람 중에는 패터슨보다 더

크고 성공적인 회사인 IBM을 세운 토머스 왓슨이 포함돼 있었다.

위키피디아에 따르면 패터슨은 1922년에 죽을 때 다른 기업가들과는 달리 많은 재산을 남기지 않았다. 그는 자선사업과 사회사업에 많은 돈을 지원했다. '수의(壽衣)에는 호주머니가 없다(Shrouds have no pockets)'라고 믿었기 때문이었다고 한다. NCR의 소유권은 아들 프래드릭 패터슨에게 넘겨줬지만 프래드릭도 1925년에 회사를 주식시장에 상장했다.

존 패터슨의 기행은 비판의 도마에 오를 수 있을지 모르지만 그의 자비는 어떻게 평가할 것인가? 후세 사람들은 오히려 자비보다는 기행으로 그를 평가하고 있는 것은 아닐까? 미국의 경제잡지 포천(Fortune, 2002년 11월 18일자)은 그를 '폭군형 CEO'라고 몰아붙이고 있다. 패터슨의 자비는 아예 언급조차 되지 않으면서 폭군형으로만 그려지고 있는 것이다. 도끼를 받은 직원이나 엉뚱한 이유로 한 마디 항변도 못하고 해고를 당한 직원에게 패터슨은 놀부와 같은 폭군형 부자에 불과할 것이다. 그렇지만 보다 좋은 환경에서 일을 하고, 근사한 직원 숙소에서 생활하고, 해고당한 후 다른 회사에서 더 좋은 직급과 월급을 받게 됐을 경우 패터슨은 누구보다 좋은 상사이자 자비로운 부자로 기억될 것이다.

어둠을 밝힌 창조적 사업가인가 사기꾼인가 : 미국 최대 전력회사
새뮤얼 인설

『그들이 미국을 만들었다(They made America)』

2004년 헤롤드 에반스라는 기자가 쓴 책의 제목으로 지난 2세기
동안의 미국의 혁신가 52명을 소개하고 있다. '증기엔진에서 검색엔
진까지(From the Steam Engine to the Search Engine)'라는 부
제에서도 알 수 있는 것처럼 미국 경제는 물론 미국인들의 삶의 방식
을 획기적으로 바꾼 헨리 포드, 토머스 에디슨, 조지 이스트먼과 같
은 유명한 혁신가들을 다루고 있다. 그중에서도 에반스는 1920~30
년대 미국 최대 전력회사의 사장이었던 새뮤얼 인설을 비중 있게 다
루고 있다. 우리에게 다소 생소한 새뮤얼 인설은 누구인가?

에반스는 인설을 당시 부자들만 쓸 수 있었던 토머스 에디슨의 전
기(電氣)를 값싸게 만들어 대중화시킨 혁신가로 묘사하고 있다. 인설
은 1859년 영국 런던에서 태어나 작은 회사의 서기를 거쳐 토머스 에
디슨 회사의 런던지사에서 일하고 있었다. 21살 때 에디슨의 눈에 띄
어 그의 개인 비서로 발탁돼 1881년 미국으로 건너갔다. 이후 인설은
에디슨 회사에서 승승장구하면서 에디슨제너럴일렉트릭(제너럴일렉
트릭의 전신)을 설립하고 부사장직까지 올랐다. 그는 에디슨에 못지
않은 일벌레로 하루 18시간 이상 일을 했고, 마흔 살에야 결혼했을

정도로 일에 열중했다.

인설은 33살 때인 1892년에 제너럴일렉트릭을 사직하고 시카고로 옮겨 발전소를 인수했다. 당시 인구가 100만 명이었던 시카고에서 전기를 쓰는 사람은 고작 5,000명에 불과했다. 그는 전기수요를 늘리기 위해 계량기를 보급하고 낮과 밤의 전기요금을 차별화하는 동시에 전력공급을 늘리기 위해 발전소의 규모를 키우는 등 전기의 가격을 낮춰 나갔다. 특히 보다 값싸고 안정적이며 좋은 품질의 전력을 공급하기 위해서는 규모의 경제가 필요하다면서 군소 전력회사를 인수·합병(M&A)하는 것은 물론 철도와 같은 관련 산업에서도 독점적인 지위를 차지하기 시작했다. 이에 따라 1920년대 말까지 그의 전기를 사용하는 사람은 32개주에 걸쳐 400만 명에 이르게 되었다. 미국 전체 전력소비자의 10%에 해당하는 인구였다. 1929년에는 전력회사와 철도회사, 부동산개발회사 등 총 65개의 계열사를 가진 재벌로 자리 잡았다.

그런데 끝없이 뻗어나갈 것 같던 인설에게 대재앙이 닥쳐왔다. 1929년 말 '검은 화요일(Black Tuesday)'이라고 불리는 주식시장의 대폭락에 이어 대공황이 시작됐던 것이다. 큰 자본 없이 투자자들의 돈을 모아 M&A로 성장해 온 회사라는 약점이 더 크게 부각되었다. 실제로 인설은 대규모 투자가 필요한 발전소 사업과 새로운 기업 인수를 위해 끊임없이 외부에서 주식과 채권을 통해 자금을 조달해왔다. 인터넷 백과사전 위키피디아에 따르면 인설은 2,700만 달러로 5

억 달러의 그룹을 쥐고 흔들었다. 대공황 직전 인설의 회사 주식에 투자한 사람은 60만 명이 넘었고, 채권을 매수한 투자자도 50만 명에 달했다. 하지만 대공황으로 더 이상 주식시장에서 자금을 조달할 수 없게 되자 자신의 주식을 담보로 월스트리트에서 4,800만 달러를 빌리는 등 안간힘을 다해 보지만 결국 인설의 회사는 은행관리로 넘어가고 만다.

100만 명이 넘는 투자자들에게는 악몽 그 자체였다. 인설은 1932년 부도와 횡령, 사기 등의 혐의로 기소됐다. 이에 인설은 그리스로 도망갔다가 2년여 만에 터키에서 미국으로 소환되었다. 1934년 미국의 법정에서 반독점법과 사기, 횡령 등의 혐의로 당시로서는 사상 최대인 20만 달러의 벌금을 부과 받고 교도소에 수감되었다. 이후 모든 혐의에서 무죄를 선고받았지만 그는 100만 명이 넘는 투자자들에게 엄청난 피해를 입혔다.

인설은 풀려난 후 유럽으로 갔다. 그의 부인이 시카고는 쳐다보기도 싫다고 했기 때문이었다. 가난과 나쁜 건강 속에서 살던 1938년 7월 인설은 바스티유 축제에 참가하기 위해 파리에 도착했다. 7월 14일 전철을 타지 말라는 부인의 만류에도 평소처럼 나는 '이제 가난한 사람(now a poor man)'이라는 말을 되풀이하면서 전철을 타러 나갔다. 결국 인설은 한 매표소 앞에서 심장마비로 숨을 거두었다. 나중에 그의 지갑을 누가 훔쳐간 것으로 드러났지만 그의 호주머니에는 20센트만 들어있었다. 한때는 '경영의 귀재' 또는 '마이다스의 손'이라고 불리던 그가 스스로 가난한 사람으로 생을 마감한 것이다.

법정에서 인설은 "내가 잘못하기는 했지만 그것은 정직한 실수(honest mistakes)였다"라는 유명한 말을 했다. 인설 자신의 변호를 영어로 한번 보자.

"I worked with all my energy to save those companies. I made mistakes, but they were honest mistakes. They were errors in judgment, but not dishonest manipulations.

Tired from the sleepless struggle to save the investments of thousands of men and women, discouraged in my attempts to defend the investments of my friends and associates as well as everything I had, I got out. I wanted to rest."

"저는 회사를 살리기 위해 제가 할 수 있는 모든 노력을 다했습니다. 제가 실수는 했지만 그것들은 모두 정직한 실수들이었습니다. 판단에 실수가 있었지만 결코 부정직한 속임수는 아니었습니다.

수많은 사람들의 투자금을 구하기 위해 잠도 못 이루고, 또 제 친구와 동료들의 돈은 물론 제가 가진 모든 것을 구해보려고 노력했지만 모두 허사가 되면서 저는 끝내 실패하고 말았습니다. 저도 이제 좀 쉬고 싶습니다."

시카고에는 인설이 1929년 당시로서는 최신 전기와 설비로 지은 시카고 시빅 오페라 빌딩이 지금도 화려한 모습으로 서 있다. 아내와 딸이 모두 성악을 전공한 인설은 열렬한 오페라 애호가였다. 1925년 건물을 설계할 당시만 해도 인설은 말 그대로 억만장자였으나 준공할 때는 '검은 화요일'이 발생한 지 6일이 지난 후였고, 곧 이어 그는 빈털터리가 되면서 사기꾼으로 몰리는 신세가 되고 말았다. 인설은 죽었어도 그가 세운 시빅 오페라 빌딩은 의연히 서 있고 그가 세운 전력회사들도 이름만 바뀌어 지금도 미국인들을 밝히고 있다. 인설의 회사에 투자했다가 돈을 날린 수많은 투자자들을 제외한다면 정직한 인설에게 과연 돌을 던질 수 있는 자가 얼마나 될까?

세상 안하무인으로 사는 악동 부자 : 패리스 힐튼

미국에서 부모들의 공적(公敵)으로 불리는 부자는 호텔 재벌인 힐튼가의 상속녀 패리스 힐튼이다. "패리스 힐튼이 아이들을 망쳐 놓는다"라는 부자 부모들의 비난이 쏟아지고 있다. 왜 그럴까? 패리스 힐튼의 소비 생활은 전형적인 헤픈 부자의 모습이다. 그런데 헤픈 부자에서 그치는 게 아니라 자신이 힐튼가의 상속녀라고 떠벌리고 다니면서 악행까지 일삼으니 자신의 아이들이 그녀를 따라 할까봐 전전긍긍하는 부자 부모들의 공적이 된 것이다.

좋은 부자들은 자녀들에게 절약의 가치와 노력해서 성공해야 한다는 교훈을 가르친다. 그런데 패리스 힐튼은 좋은 부자들의 가치와는 정반대인 내용을 대중에게 설파하고 있다. 그녀의 자서전인 『패리스 힐튼 다이어리』에서 '상속녀처럼 여행하는 법'의 일부분을 보자.

"상속녀는 전용기를 타고 여행을 다녀야 해. 전용기가 없으면 부자 친구에게 빌려서라도 말이야. 여행 짐은 실제로 필요한 것보다 한 3배 이상은 싸야 해. 그래야 호텔 로비에 들어설 때 다른 사람들이 중요인물이 나타났다고 생각하니까. 그리고 가져간 옷을 꺼내 입지는 마. 현지에서 새로 옷을 사는 게 좋아. 쇼핑이 그 나라의 문화를 아는 데 가장 유익한 방법이거든."

그뿐 아니다. 호화스러운 파티를 즐기는 '파티 걸'로 유명한 패리스 힐튼은 생일이면 LA, 도쿄, 런던, 뉴욕, 라스베이거스 등을 돌면서 생일 파티를 연다. 인생이 심심하다 싶으면 프랑스의 휴양지로 전용기를 타고 놀러 가기도 한다. 아슬아슬한 미니스커트와 터질듯 한 톱(짧은 상의)이 그녀의 상징이다. 미국 부모들은 "속옷을 밖으로 입고 나온 듯한 패션으로 우리 아이들을 망치고 있다"라고 비판한다. 패리스 힐튼은 19세기 갑부들의 과시적 소비를 비판했던 톨스타인 베블렌이 『유한계급론』을 현재에 썼다면 묘사했을 듯한 모습이다.

패리스 힐튼은 과시적 소비에서 멈추지 않는다. 음주운전에 무면

허운전까지 하며 법체계를 조롱하기 일쑤다. 2006년 12월 음주운전으로 체포돼 면허가 정지됐지만 한 달 후 다시 음주운전 혐의로 체포됐다. 그리고 다시 한 달 후엔 과속으로 적발됐는데 아직 운전면허가정지된 상태였다. 패리스 힐튼은 정식 재판에 회부돼 45일의 구류를 선고받았다.

2007년 12월 패리스 힐튼의 할아버지인 배론 힐튼(힐튼 호텔 회장)은 전 재산의 97%를 자선재단에 기부하겠다고 밝혔다. 이 때문에 배론 힐튼은 2007년 미국에서 가장 많은 기부를 한 사람이 됐다. 『힐튼가』라는 책의 저자인 제리 오펜하이머는 "배런은 손녀딸 패리스의 행동에 충격을 받고 가문의 이름을 더럽히는 것을 보다 못해 기부하기로 결정했다"라고 평가했다. 배론 힐튼은 아버지인 힐튼 호텔 창업주 콘래드 힐튼이 전 재산을 가톨릭 재단 등에 기부해 버리자 '호텔업에서 성공하려면 아버지 재산이 필요하다' 며 재산을 돌려달라는 소송을 내 승소했던 사람이다. 그런 사람이 손녀딸의 악행에는 두 손 들었다며 재산을 물려주지 않겠다고 선언할 정도인 것이다.

패리스 힐튼이 '자녀 교육에 악영향을 미친다' 며 미국의 부자 부모들은 고개를 젓는다. 그녀가 좋은 부자의 가치를 훼손하기는 했지만 남에게 직접적인 피해를 준 것은 아니다. 다른 사람에게 큰 금전적인 피해를 준 많은 나쁜 부자들도 있다는 것을 생각한다면 패리스 힐튼은 '악동 부자' 정도라고 할 수 있을 것이다.

04

대박환상이 나쁜 부자의 길로 인도한다

많은 사람들이 짧은 순간에 부자가 되기를 바란다. 그래서 복권을 사고 당첨을 꿈꾼다. 행운도 부자가 되는 방법 중의 하나이다. 그런 의미에서 복권에 당첨돼서 부자가 되는 것도 정당한 부자가 되는 과정이라고 볼 수 있다.

하지만 아무런 준비 없이 벼락부자가 되는 바람에 불행해지는 경우가 많다. 개인만 그런 게 아니라 국가도 벼락 부로 인해 불행해지는 경우가 있다. '석유의 저주' 가 대표적인 사례다. 많은 산유국들이 1970년대 두 차례의 오일 쇼크를 거치면서 갑자기 국부(國富)가 늘어나게 됐다. 국가 차원에서 복권에 당첨된 것과 같은 일이 벌어진 것이다. 하지만 산유국 정부는 늘어난 국부를 흥청망청 쓰다가 갑자기 석유 가격이 떨어지면서 재정 적자에 빠졌고, 일을 해서 먹고 살아야 한다는 의식을 잃어버린 국민들이 가난에 허덕이게 만드는 결과를 불러 왔다. 사실 그간 세계 경제에서 모범생 국가는 한국과 같이, 자원이라고는 거의 나지 않고 국민들의 노력을 바탕으로 성공한 나라들이었다. 최근 국제유가가 배럴당 150달러에 육박하면서 다시 산유국이 부자가 된 것처럼 보이지만, 석유가 바닥을 드러낸 이후까지 지속적으로 먹고 살 수 있는 길을 만들지 못하는 한 산유국은 가난의 굴레에서 벗어나기 힘들 것으로 보인다.

많은 복권당첨자들에게 닥치는 불행도 같은 의미에서 해석할 수 있다. 갑자기 늘어난 부를 어떻게 사용해야 되는지 모른 채 흥청망청 써 대다 보면 어느새 가난에 빠지게 된다. 돈을 쓸 줄 모르는 나쁜 부자들이 되기 일쑤인 것이다. 물론 정당하지 않은 방법으로 벼락부자가 됐다면 돈을 제대로 쓸 가능성이 더욱 더 낮다는 것은 말할 나위도 없다.

잭 휘태커는 미국 역사상 가장 많은 복권 당첨금을 탄 사람이다. 그는 2002년 크리스마스에 행운 번호 6개를 모두 맞혀 3억 1,490만 달러(약 3,100억 원)가 걸린 복권에 당첨됐다. 그는 당시 세금 등을 제하고도 9,300만 달러(약 930억 원)를 손에 쥐었다. '세상에서 가장 운 좋은 사나이'라는 별명도 얻었다. 하지만 휘태커는 2007년 미국 언론에 등장해서 "빈털터리가 됐다"라고 주장했다. 불과 5년 만에 930억 원에 달하는 돈을 모두 써 버린 것이다. 휘태커는 돈을 물 쓰듯이 했다. 자신에게 복권을 판 상점의 여종업원에게 집과 차를 사주기도 했다. 돈 때문에 가족 관계도 엉망이 됐다. 그 사이에 이혼을 했고, 유일한 혈육인 손녀딸은 납치될까봐 집에서 교육을 시켰지만, 할아버지의 눈을 피해 마약 습관에 빠져들었고 마약 남용으로 세상을 떠났다. 휘태커 자신도 음주, 도박, 연애 행각 등으로 잦은 소송에 연루됐다. 그에게 폭행이나 성추행을 당했다는 사람들로부터 400여 건의 소송에 시달리면서 변호사 비용만 30만 달러를 썼다.

휘태커는 복권 당첨 이전에도 회사를 경영하던 부자였는데도 정작 벼락 재산을 관리하는 방법은 몰랐다. 미국 웨스트버지니아에서 건축업을 하던 그는 100여 명의 직원을 고용하고 있었다. 회사 매출은 연간 매출이 1,700만 달러 정도였다. 하지만 복권 당첨은 자신의 사업에 도리어 걸림돌이 되었다. 생활이 헤프게 된 데다 돈을 달라고 손을 벌리는 사람들을 상대하고 소송에 시달리면서 사업에도 신경을 쓰기 어려웠던 것이다.

복권 당첨자의 불행은 휘태커의 사례에서 그치지 않는다. 미국 펜실베이니아에서 1988년 1,620만 달러의 복권에 당첨된 윌리엄 포스트는 현재 미국에서 정부의 생활 보조금을 받으면서 살고 있다. 우리나라로 치면 기초생활 수급자 처지이다. 예전 여자 친구는 당첨금을 나눠 달라고 소송을 냈고 동생은 당첨금을 상속받으려고 킬러를 고용해 그를 죽이려고 했다. 다른 친척들은 자신의 사업체에 투자해 달라며 괴롭혔다. 결국 자동차 판매업, 레스토랑 사업 등에 당첨금을 투자했지만 투자 수익은커녕 한 푼도 돌려받지 못했다. 한 해가 지나자 당첨금을 모두 써버리고 100만 달러의 빚까지 지게 됐다. 결국 정부의 보조에 기대서 살게 된 것이다.

미국 뉴저지에서 두 번이나 복권에 당첨된 '행운의 사나이' 에벌린 아담스는 모두 합쳐 540만 달러의 당첨금을 받았다. 하지만 그는 현재 집도 없이 트레일러에서 생활하고 있다. 미국 언론에 나온 그의 변명을 들어 보자. "만나는 사람마다 내 돈을 원했다. 모든 사람이 내게 손을 내밀었다. 나는 '노(No)'란 말을 하지 못했다. 다시 나에게 기회가 주어진다면 더 현명하게 대처할 수 있을 것이다." 하지만 미국 언론의 추적 결과 그는 복권 당첨 이후에도 대박을 노리면서 도박장에서 거의 살다시피 했다는 게 밝혀졌다.

복권당첨자의 인적 사항이 공개되는 미국과 달리 국내에서는 당첨자가 공개되지 않아 벼락부자들이 어떤 삶을 살고 있는지 추적하기 어렵다. 하지만 국내에서도 로또 복권이 당첨된 뒤에 가족·친구·동료 간에 분쟁이 일어나 법정 싸움으로 간 경우가 여러 차례 언론에 보도됐다.

누구나 부자가 되길 원한다. 하지만 앞에서 본 몇몇 복권대박 사례에서 보듯이 벼락 부는 나쁜 부자의 길로 들어서기 쉽게 만든다. 아끼며 살던 사람도 갑자기 불어난 재산에 돈을 흥청망청 쓰는 경향으로 바뀌기 쉽다. 복권 당첨자는 대부분 제일 먼저 하는 게 큰 집을 사는 것이라고 한다. 돈을 불리는 투자를 하는 것은 우선 순위에 밀린다. 투자를 하더라도 자기가 잘 모르는 곳에 남의 말만 듣고 투자하기 일쑤다.

대박 복권 당첨자들은 그들에게 손 벌리는 사람이 많아서 돈을 날렸을까? 작은 부자들에게 손을 내미는 것은 세계적인 대부호들에게 손을 벌리는 것에 비할 바가 아니라는 걸 감안하면 그다지 좋은 변명거리가 아니다. 빌 게이츠는 하루에 400만 통의 이메일을 받는다고 하는데 대부분 돈이나 도움을 요청하는 내용이라고 한다. 하지만 그는 떼를 쓰듯이 돈을 달라고 요구하는 사람들을 어떻게 관리해야 하는지 요령을 안다. '빌 앤드 멜린다 게이츠 재단'이라는 자선재단은 게이츠의 아버지 윌리엄 게이츠가 도움을 청하는 편지를 정리하다가 아예 재단을 만들어 체계적으로 관리하는 게 낫다고 생각해서 세우게 됐다. 재단을 통해서 우선 순위를 정해 자선을 베풀고 있는 것이다.

복권 당첨자 중에도 재산을 잘 유지하고 지역 사회를 위해 기여하면서 살아가는 사람도 많다. 어윈 웨일즈라는 사람을 예로 들어 보자. 웨일즈는 미국에서 2001년 2,400만 달러의 당첨금을 탄 사람이다. 그는 잔디 깎기로 생계를 유지하는 평범한 사람이었다.

하지만 돈을 관리하는 데 있어서는 다른 어떤 복권 당첨자보다 똑똑했다. 웨일즈는 복권에 당첨되자마자 변호사를 고용했고 당첨금을 관리하기 위해 투자 전문가와 회계사를 찾아갔다. 특히 그의 생활은 새 트럭을 사고 여행을 다닌 것 외에는 크게 바뀌지 않았다. 그는 마을 공동묘지에서 잔디 깎기 봉사를 하면서 지역 사회에서 인심도 잃지 않았다.

그는 자선에 나서면서 그 방법도 자문을 받았다. 당첨금의 20%인 500만 달러로는 자선기금을 만들었다. 매년 원금의 5%만 자선에 사용하고 나머지는 투자를 하도록 해서 자선을 하면서도 원금을 까먹지 않도록 해 지속적으로 자선 활동도 할 수 있었다.

벼락부자가 되는 것은 나쁜 부자가 될 가능성이 높은 일이지만 그렇다고 빠져나갈 길이 없는 것은 아니다. '석유의 저주'에서 벗어난 유일한 나라는 북구의 부자 나라 노르웨이다. 노르웨이는 석유에서 들어온 부를 당대에 쓰지 않고 펀드를 만들어 운영하면서 후손들에게 물려주고 있다. 벼락부자 신드롬(증후군)에 빠지지 않으려면 정당하게 재산을 관리하고 운용하는 법을 익히는 등 좋은 부자가 되는 방법을 미리 배워야 할 것이다.

짝퉁부자 따라 하기는 이제 그만

부자가 하는 그대로 따라 한다면 부자가 될 가능성이 높다. '부자 따라 하기'를 하려면 우선 부자가 어떤 원칙을 가지고 살고 있는지 제대로 알아야 한다. 하지만 부자의 참 모습을 알기는 쉽지 않다. 특히 한국에서는 반(反)부자 정서 때문에 부자들이 전면에 나서는 것을 꺼려한다. 더군다나 세계 어느 곳에 있는 부자라도 나서서 자신의 노하우를 공개하는 경우는 드물다. 장사꾼이 자신만의 '영업 비밀'을 공개하지 않는 것과 같다.

좋은 부자가 스스로 참모습을 공개하는 경우도 드물지만 언론이나 책, 영화 속에서 드러나는 부자의 모습은 사회에 기여를 하고 절약의 가치를 믿으며 삶을 위해 노력하는 태도를 갖고 있는 경우가 드물다. 왜 그럴까? 이런 생각을 해보자. 한 영화감독에게 다음과 같은 영화를 만들지 않겠냐고 제안이 왔다고 하자. "생명공학회사에서 벌어지는 삶에 관한 이야기다. 연구원들이 반복된 실험을 통해서 복제 동물을 개발하는 과정을 보여주고 싶다. 실패에도 불구하고 밤을 새워 가며 복제 동물을 만들어 불치병 환자들에게 장기 이식의 가능성을 보여주는 식의 희망을 주는 스토리의 영화가 감동적이지 않겠는가?" 이 말을 듣는다면 많은 사람들이 "에이, 그런 영화를 누가 봐"라고 할 것이다.

그러나 다른 주제의 영화 제안이 왔다고 하자. "한강에 갑자기 나타난 괴물에 대한 이야기다. 괴물은 갑자기 한강변에서 쉬고 있는 사람들을 공격하기 시작한다. 시민들은 두려움에 싸여 탈출을 위해 사력을 다한다. 그 가운데 괴물에게 납치된 딸을 찾고자 하는 아버지가 있다. 공포와 희생, 그리고 가족에 관한 이야기다." 이번엔 사람들의 반응이 다를 것이다. "정말 재미있겠는 걸. 두 번이라도 보겠어." 사람들은 극적이고 재미를 주는 이야기를 원한다. 그렇기 때문에 통상 부자의 모습은 왜곡돼서 세상에 비치게 된다. 열심히 노력하고 절약하는 부자란 그다지 재미없는 모습이기 때문이다. 하지만 영화나 책을 보는 입장이 아니라 부자를 연구하고 '부자 따라 하기'에 나선 입장이라면 냉정하게 부자를 바라볼 필요가 있다. 이른바 대중에게 비치는 '짝퉁' 부자들의 모습은 걸러낼 필요가 있는 것이다.

부자 중에서도 좋은 부자들은 오히려 보통 사람들보다 돈 관리의 중요성을 인식하고 있고 저축과 투자의 중요성을 알고 있다. 그리고 기부 등을 통해 사회에 기여하는 활동을 하고 있다.

한 가지 예로 부자 동네와 중산층 동네의 자녀 경제 교육이 어떤 차이를 갖고 있는지 보여주는 미국의 연구 결과가 있다. 『쇼핑하기 위해 태어났다』를 쓴 줄리엣 쇼어 보스턴 대학교 교수는 보스턴 교외의 부자 동네와 보스턴 시내의 중산층 동네 초등학생을 대상으로 설문조사와 방문조사를 실시했다. 부자 동네는 연 평균 소득이 9만 달러가 넘었고, 중산층 동네는 연 평균 소득이 3만5,000달러 정도였다. 보통 사람이 생각한다면 부자 동네 아이들이 더 소비지향적일 것 같다. 하지만 연구 결과는 반대였다. 중산층 동네의 아이들이 부자 동네 아이들보다 더 소비지향적이었다. 중산층 동네 아이들이 쇼핑을 즐겼고 소위 명품 브랜드에 대해 더 많이 알고 있었다.

부자 동네 아이들은 부자 부모로부터 소비를 자제하는 훈련을 받고 있었다. 부자 동네 부모들은 자녀에게 돈을 관리하는 법을 가르치고 있었다. 대부분의 가정이 주기적으로 용돈을 줬다. 용돈을 주는 많은 가정은 용돈의 일부를 기부하거나 저축하도록 가르쳤다. 아이들에게 필요와 욕구의 차이를 가르치는 데도 용돈이 이용됐다. 부자 동네 부모들은 아이들이 비디오 게임이나 값비싼 CD 플레이어 등을 사고 싶다고 하면 당장 사 주는 게 아니라 용돈을 저축해서 스스로 사도록 했다. 또 텔레비전 시청 시간을 통제하면서 텔레비전에서 쏟아져 나오는 소비문화에 물들지 않도록 하고 있었다.

세계적인 갑부 빌 게이츠도 마찬가지다. 자녀에게 용돈을 주기적으로 주고 있다. 휴대전화와 같이 부모가 생각하기에 필요하지 않다고 생각하는 물건은 사주지 않는다. 욕구를 통제하는 방법을 가르치기 위해서 하루에 컴퓨터를 사용할 수 있는 시간도 평일은 45분, 주말은 1시간으로 제한하고 있다.

우리가 알고 있는 부자의 모습이 왜곡돼 있다면 엉뚱한 '짝퉁부자 따라 하기'를 할 가능성도 있다. 일본의 미우라 아츠시(三浦展) 컬처 스터디 연구소장은 자신의 저서 『하류 사회』에서 일본 하류층의 의식을 소개하고 있다. 그런데 그가 밝힌 일본 하류층의 라이프스타일이 현재 한국의 중산층이 상상하는 부자의 삶과 흡사해서 충격적이다. '하류일수록 자신다움을 추구한다' '음식 기행은 하류가 더 원한다(반면 상류는 요리가 취미인 경우가 많다)' '하류는 쇼핑을 매우 좋아한다' '하류는 브랜드(명품)나 메이커에 집착한다' 등이다. 미우라 아츠시 소장은 부자들이 명품 브랜드에 집착하지 않는 이유로 이미 부자들이 소비하는 모든 제품이 브랜드가 있는 제품이기 때문에 부자들은 색깔이나 디자인에 초점을 맞춘다고 이야기한다. 19세기 말 미국의 경제학자 톨스타인 베블렌은 『유한계급론』에서 부자들의 과시적인 소비를 비판했다. 그리고 부자들의 과시적인 소비가 중하류층에게까지 퍼질 것을 예견했다. "고도로 산업화된 사회에서 명성을 획득할 수 있는 근거는 다름 아닌 재력이다. 재력을 과시하는 방편인 동시에 명성을 획득하고 유지하는 방편은 여가생활과 과시적으로 재화를 소비하는 것이다. 그 과정에서 이 두 가지 방편은 모두 그런 여가나 소비의 가능성을 지닌 중하류 계급에서도 유행하기에 이른다."

그런데 선진국에서는 과거 부자들의 생활방식이 이제 하류층의 생활방식이 되고 부자들은 오히려 과시적 소비를 해야 한다는 강박관념에서 벗어나는 것처럼 보인다. 한국에서 부자가 되고자 하는 사람들 역시 좋은 부자의 참모습을 밝혀내서 그 참모습을 따라하는 일에 나서야 할 것이다.

과거 한국 사회는 부자라면 모두 싸잡아서 비판하던 경향이 강했다. 하지만 이제는 나쁜 부자의 행동과 습관은 비판해도 좋지만 좋은 부자가 되는 행동과 습관은 추려내야 한다. 사실 부자 한 사람의 모습만 분석해 본다 해도 좋은 부자와 나쁜 부자의 모습이 혼재돼 있다. 가령 19세기 석유왕 록펠러의 경우에 '도둑 귀족'의 대표로 불렸고 실제로 냉혹한 비즈니스적인 판단을 했다. 하지만 반대로 흥청망청 과소비를 일삼던 동 시대의 부자들과는 달리 금욕적인 생활을 하고 자녀들에게 철저한 가정교육을 시켰다. 20세기 중반 미국 최고의 부자로 알려진 폴 게티도 이중적인 모습이 강했다. 가족까지 저버린 탐욕의 부자라고 알려진 게티는 평생 옷을 해질 때까지 입고 '절약의 가치'가 중요하다고 설파하고 다녔다. 그러나 정작 자신의 아들들에겐 노력이 중요하다는 의식을 심어주지 못했다. 둘째 아들인 로널드 게티는 영화 제작에 손을 댔다가 실패하고 파산에 이르렀다. 회사는 넷째 아들인 고든 게티가 물려받았지만 고든은 사업보다 작곡과 노래를 부르는 일에 관심이 많았다. 그는 아버지가 사망하고 나서 10년 만에 회사를 대형 석유회사인 텍사코에 팔아 버렸다. 비록 게티가 나쁜 부자의 전형이라고 알려져 있고 자식 농사에도 성공하지 못했지만 그가 설파했던 '절약의 가치'나 '노동 윤리'에 대한 메시지는 좋은 부자의 귀감으로 삼을 수 있을 것이다.

이제 한국 사회는 '짝퉁부자 따라 하기'의 유혹에서 벗어나서 전체 부자의 모습에서 좋은 부자 그리고 따라해야 할 부자의 모습을 추려내는 작업을 해야 할 때이다.

제 Ⅳ장

좋은 부자

01

좋은 부자의 진짜 의미

자신이 속한 사회를 향한 이기심을 충족시키려는 마음으로 생활을 하면 돈을 포함한 모든 것을 얻게 된다. 사회적 이기심(social self-interest)이란 사회적 가치창조 욕구를 충족시키는 것이 인생의 전부임을 의미한다. 내가 돈을 벌어들이는 것은 사회구조적으로 불가피하게 가난과 어려움에 빠져든 어찌할 수 없는 사람들을 돕는 사회적 도움사업의 기반을 위한 것이다. 어느 부자는 3평짜리 월세방에서 시작하여 20여 년간 혼신의 노력을 들인 결과 매출 400억 원대에 순이익만 120억이 넘는 엄청난 기업을 만들었다. 하도 투명하게 사업을 해서 기업의 모든 거래가 한눈에 드러나도록 했고, 자신의 월급은 10년 동안 동결하면서 사장 판공비라는 개념을 회사에서 아예 없애버렸다. 매출액 대비 순이익률이 10%대에서 30%대까지 급증해

가는 동안에 단 한 번도 배당을 받지 않았고, 회사매출액의 10% 이상은 항상 사회와 종업원 가족을 위한 활동에 사용하였다. 추산된 기업가치가 1,000억 원대를 넘어서는 기업의 대주주이면서도 평생을 전셋집에서 산 사람을 우리는 존경받을 만한 부자라고 부른다. 그 집에 평생 동안 가정적으로 불행한 적이 단 한 번도 없었다는 것을 우리는 축복이라고 부른다.

혼자 힘으로 창업의 험난한 난관을 극복해온 자수성가형 사장은 자신의 기업철학을 종업원들에게 확산시켜서 새로운 가치를 지속적으로 만드는 영향력을 행사한다. 일생동안 벌어들인 돈의 일부를 재단법인에 출자하고 장학사업을 하는 부자는 장학금을 받는 학생들에게 자신의 인생관을 주입시키는 영향력을 행사한다.

진짜 부자에도 등급이 있다. 연륜이 꽤 되는 진짜 부자들은 가진 돈의 액수보다는 부자로서의 전통을 중시한다. 재산이 1,000억 원 내외인 3대 부자 집안의 자손들은 아직 연륜이 짧은 수천억대의 신흥부자들과 만나는 자리에 잘 어울리지 않는다. 나보다 재산이 많아도 진짜 부자로서의 품위가 풍긴다고 확실히 판단될 때까지는 가까이하기를 꺼려하기 때문이다.

몬테크리스토 백작에 나오는 브레게를 차는 부자도 있고, 부처의 모습이 새겨진 빅토리아 시크리트를 입는 부자도 있다. 외제차를 주차할 때 낯선 사람들의 눈길이 자신에게 쏟아지는 것을 감지하면 차에서 내리지 않고 아주 오랫동안 주위를 점검하는 부자도 있다. 은행에 몇 십억을 넣어두고 지점 정문으로 출입하다가 얼굴을 아는 은행원이 90도 절을 하면서 큰 목소리로 "안녕히 가십시오"라고 인사를 하는 바람에 일반고객들이 내가 부자라는 것을 알게 되는 경우가 생기지 않길 바라는 부자도 있다. 진짜 부자다.

이러한 부류에 속하는 부자들은 얼마 안 된다. 우리 주위의 부자들은 대부분 각자 자신이 관심을 가진 분야에 심혈을 기울이면서 자신들만의 이기심을 반드시 이루려고 애를 쓴다. 그러나 부자는 일반적으로 자신이 관심이 없는 분야에는 별로 신경을 쓰지 않고 적극적인 노력을 기울이지 않는다.

전 세계 인구 중에서 최고의 부를 소유한 사람들의 위력은 상상을 초월한다. 전 세계 100대 부자들이 가진 부를 전부 합하면 전 세계 15억 인구가 가지고 있는 부와 거의 동일하다. 우리나라 100대 부자들이 가지고 있는 총재산은 소득하위층인 1,000만 명이 가지고 있는 총재산과 거의 맞먹는다. 우리나라 100명의 부자들이 가진 재산의 10분의 1씩만 사회를 위하여 쓰면 사회경제적으로 뒤쳐진 100만 명이 엄청난 혜택을 볼 수 있다. 천한 이기심(money-hungry self-interest)에서 차원을 높여서 사회와 주고받을 수 있는 개화된 이기심(envisioned self-interest)으로 승화시켜가는 것이 21세기 부자의 길이다.

부자는 사회적 동물이라고 하는데, 과연 맞는 말일까? 부자가 아닌 사람들은 통상 돈의 관념이 약해서 일반적으로 필요하다고 생각하는 것들(생활비, 교육비, 외식비 등)을 먼저 소비하고 나서 자기가 관심이 있는 것들(애인이 될 수도 있을 사람 만나는 것, 백화점 문화센터에서 스포츠댄스를 배우는 돈, 어쩌다 골프 한 번 치러가는 것 등)을 하려고 한다. 그러나 부자는 일반적인 것들을 줄이거나 혹은 크게 신경 쓰지 않으면서 자기가 특별히 관심이 있는 것은 어떠한 일이 있어도 손에 챙겨 넣는다. 부자는 자신이 관심을 가지는 분야에는 돈의 액수에 상관없이 지불한다. 아주 탐나는 사윗감을 구하려고 할 적에 중매쟁이에게 수억 원을 배팅하는 부자는 전혀 마음의 부담을 갖지 않는다. 부자가 손에 쥐고 싶은 것에 들이는 돈은 곧 '자유'이다.

어느 부자는 회사의 근무시간 이외에는 자신의 자동차기사를 절대로 활용하지 않는다. 물론 회사의 오너이기 때문에 얼마든지 휴일에도 자동차기사를 부를 수 있으나, 근무시간 이외에는 자신이 손수 차를 몬다. 아무리 피곤해도 자신이 끝까지 몬다. 어느 회장님은 꼬박꼬박 자신의 손으로 사회기부를 한다. 이 분은 성경을 읽다가 느끼는 것이 있으면 자신이 믿을 수 있는 목사님에게 연락해서 '도움이 필요한 분의 은행계좌번호를 요청'한다. 왜 요청하는지를 잘 이해하는 목사님은 아주 세밀하게 문의하여서 꼭 도와야겠다는 생각이 드는 시골 조그만 교회의 이름으로 된 은행계좌를 회장님에게 전달한다. 회장님은 매월 자신이 스스로 정한 날에 자신이 스스로 정한 금액을 어김없이 은행의 24시 코너에서 온라인으로 송금한다. 단 한 번도 어떻게 썼는지를 확인하려고하지 않는다. 보내는 기쁨 그것 뿐이다. 타인을 돕는 것이 나를 돕는 것이라는 확신을 가진, 자기애가 충실한 어느 회장님의 행동이다.

02

좋은 부자의 실제 사례

원칙과 사회를 위한 유일심의 소유자 : 유일한

"손녀 유일링(당시 7세, 아들 유일선의 딸)에게는 대학 졸업시까지의 학자금으로 내 주식의 배당금에서 1만 달러를 준다. 아들 유일선은 대학까지 졸업시켰으니 앞으로 자립해서 살아가거라. 딸 유재라에게는 유한중·공고 안의 (내) 묘소와 주변 땅 5,000평을 물려준다. 그 땅을 유한동산으로 꾸며 학생들이 마음대로 드나들게 하여 어린 학생들의 맑은 정신에 깃든 젊은 의지를 지하에서나마 더불어 느끼게 해 달라. 아내 호미리는 딸 재라가 노후를 잘 돌봐주기를 바란다. 내 소유주식 14만941주는 전부 '한국사회 및 교육원조 신탁기금'에 기증한다."

1971년 봄에 별세한 유한양행의 창업주 유일한이 남긴 유언장에 나오는 내용이다. 아들과 딸, 손녀는 그렇다고 치고 아내에게도 재산을 물려준다는 말이 없다. 거의 전 재산을 사회에 환원했다고 각 언론은 대서특필했다. 별로 돈이 되지도 않는 묘소 주변의 땅 5,000평을 물려받은 딸 유재라 역시 1991년 미국에서 죽으면서 평생 자신이 스스로 모은 200억 원을 사회에 기부하고 돌아갔다. '부전여전(父傳女傳)'이라고 할 수 있다.

유일한은 구한말인 1895년 기독교 집안에서 태어났다. 일찍 개화한 부유한 가정으로 유일한의 아버지는 망국의 위기를 느끼고 "선진문물을 배워야 한다"면서 아들을 미국으로 유학을 보냈다. 9살 때 당시 대한제국의 순회공사였던 박장현을 따라 미국으로 건너온 유일한은 고학으로 학교를 다녔다. 1919년에 미시건 대학교 경영학과를 졸업하고 미시건 철도회사와 제너럴일렉트릭(GE)을 거쳐 1922년에 라초이 식품회사를 설립했다. 숙주나물 통조림을 만드는 회사였는데 중국음식점들의 수요가 늘어나면서 크게 성공했다. 1925년까지 50만 달러의 이익을 올렸고 그중 일부는 독립운동에 지원했다.

1926년 31세의 나이로 금의환향한 유일한은 연희전문학교에서 제의한 교수직을 마다하고 유한양행을 설립했다. '교단에서 2세를 가르치는 것도 중요하지만 헐벗은 동포들에게 일자리를 주고 병으로 신음하는 동포들에게 좋은 약을 제공해 동포들의 생활문화를 향상시키는 일이 더 급하다'라고 생각했기 때문이었다.

이후 유일한은 기업경영에서도 남다른 모범을 보였다. 1936년에는 유한양행을 주식회사체제로 바꾸었고, 같은 해 부천에 국내최초의 근대적 제약공장을 준공하여 제약입국의 의지를 실천했다. 1939년에는 우리나라 최초로 종업원지주제도를 도입했다. 종업원지주제도는 종업원이 자기 회사의 주식을 보유하여 기업의 경영과 이익분배에 참여하게 함으로써 종업원의 근로의욕을 고취시키고 재산 형성을 촉진시킬 수 있는 제도로, 당시로서는 혁신적인 아이디어였다.

유일한의 기업 이념은 '정성껏 좋은 상품을 만들어 국가와 동포에 봉사하고, 정직 성실하고 양심적인 인재를 양성 배출하는 것'이었다. 유일한은 기업이 창출한 이익으로 첫째는 기업을 키워 일자리를 만들고, 둘째는 정직하게 납세하며, 셋째는 남은 것은 기업을 키워준 사회에 환원해야 한다고 믿었다. 이와 같은 믿음은 "기업에서 얻은 이익은 그 기업을 키워 준 사회에 환원하여야 한다" "기업의 소유주는 사회이다. 단지 그 관리를 개인이 할 뿐이다" "기업은 사회의 이익증진을 위해서 존재하는 기구이다"라는 그의 말들에서도 잘 나타나고 있다.

해방 직후에 그는 초대 상공회의소 회장으로 우리나라 기업 발전의 초석을 다지기 위해 노력했고 1952년에는 고려공과기술학교, 1964년에는 유한공업고등학교 등을 설립했다. 1969년에는 현직에서 물러나 경영을 자식이 아닌 전문경영인에게 물려주고 1970년에는 유한재단을 설립했다. 죽을 때는 그나마 자신이 가지고 있던 모든 주식을 기금(후에 유한재단으로 합침)에 맡기고 떠났다.

이 정도만 해도 모든 국민들의 존경과 사랑을 받고도 남음이 있다고 할 수 있다. 하지만 그가 어릴 때부터 독립운동에 헌신했다는 사실 또한 우리는 기억해야 할 것이다. 유일한은 독립운동가 박용만(1881~1928)이 미국 네브래스카 주에 '한인소년병학교'를 세우자 이 학교에 다녔다. 박용만은 유일한과 함께 미국 유학길에 오른 사람으로, 어린 유일한에게 민족의식과 자주독립사상을 고취시켰다. 이후 유일한의 기업경영은 물론 교육 헌신에도 이때 배운 지식과 사상들이 많은 영향을 미치고 있다.

미시건 대학에 재학 중이던 1919년에 3·1 운동 소식이 전해지자 미국 동포들은 필라델피아에서 '한인자유대회'를 개최했다. 유일한은 이때 대의원 자격으로 참여해 주로 실무적인 일을 했다. 특히 '한국 국민의 목적과 열망을 석명하는 결의문'의 기초 작성위원으로 선출되어 결의문을 작성하고 직접 낭독하였다. 결의문은 민중 주도의 민주주의를 주장하면서 민중 교육을 강조하고 있다. 미국과 같은 민주주의 국가를 만들기 위해서는 교육이 무엇보다 시급한 과제라고 인식하고 있던 유일한의 젊은 모습을 엿볼 수 있는 대목이다.

일본이 만주를 침략하고 중일전쟁 이후 일제의 압박이 갈수록 심해지자 유일한은 1930년대 후반부터 미국에 체류하면서 유럽 및 중국 시장개척에 노력하는 한편 독립운동에 적극적으로 참여하였다. 그는 1941년 4월 해외 독립운동단체들이 연합하여 하와이 호놀룰루

에서 개최한 '해외한족대회'에 참여했다. 특히 유일한은 한인소년병
학교 출신으로 재미한족연합위원회 집행부가 한인 국방 경위대로 창
설한 '맹호군(猛虎軍)'의 편성에 주도적 역할을 했다. 또 1941년 8월
LA시청에서 거행된 태극기 게양식에서는 임시정부의 축사를 낭독했
다. 이는 비록 주정부에서나마 재미 한인동포들이 일본 국민이 아니
라 대한민국 임시정부의 국민임을 공식적으로 인정받는 감격적인 순
간이었다. 당시 유일한은 이를 위해 가장 앞장서서 노력한 것으로 알
려지고 있다.

1941년 12월 일본의 진주만 폭격으로 태평양전쟁이 발발하자 유일
한은 미군 전략정보처(OSS)의 한국 담당 고문으로 활약하기 시작했
다. 특히 1945년에는 재미 한인들을 훈련시켜 국내에 침투시키는
'냅코 작전계획(Napko Project)'에 행동대원으로서 직접 훈련에 참
여했다. 냅코 작전계획은 당시 중국 중경의 대한민국 임시정부 산하
광복군의 국내침투작전계획과 동시에 진행되고 있었다. 최근 밝혀진
자료에 따르면 그가 훈련받을 당시 OSS는 다음과 같이 유일한을 평
가하고 있다.

"현재 나이 50세로 소년시절에 미국에 와서 미시건 대학에서 학위
를 받았으며, 사업을 위해 전쟁 발발 전까지 수차례 한국과 미국을
왕래하였다. 그는 투철한 애국지사이며 전략적으로 중요한 도시들에
자신의 회사 지사들을 세워나갔다. 그는 자신의 회사 조직을 유사시

지하조직의 핵심으로 이용한다는 계획에 기꺼이 동의했고, 1945년 1월 6일에 입대하여 2월 2일부터 훈련 중이다."

유일한은 제1조 조장으로 작전명령을 기다리던 중 갑작스러운 일본의 항복으로 국내 침투를 실행하지 못하고 말았다. 하지만 기업경영은 물론 필요하다면 온몸으로라도 조국과 동포들을 위해 헌신하려 했던 유일한의 애국심과 충정, 그의 노블리스 오블리주는 영원할 것이다. 유일한은 1995년 건국훈장 독립장을 받았다.

성공한 CEO에서 위대한 인간으로 : 앤드류 카네기

『성공한 CEO에서 위대한 인간으로』는 앤드류 카네기의 자서전 제목이다. 스코틀랜드의 작은 도시에서 먹고 살기가 어려워 미국으로 건너온 직조공 아버지를 따라온 이민 1.5세였던 카네기는 철강왕이라는 말을 들을 정도로 기업의 최고경영자(CEO)로서 성공적인 삶을 살았다. 카네기는 제대로 교육을 받지도 못한 채 면직물 공장의 얼레잡이(실을 감는 도구를 다루는 직공)와 전보배달부에서 세계 최고의 부자로 올라섰다. 만약 성공한 CEO로만 머물렀다면 카네기는 가난한 이민자의 아들에서 세계최고의 갑부가 된 케이스의 하나로 끝나고 말았을 것이다.

하지만 카네기는 철강왕이라는 말을 들을 정도로 세계 철강업계를 주름잡던 1901년(66세) 카네기 제강소를 J. P. 모건에게 4억 8,000만 달러를 받고 매각하면서 은퇴했다. 이전에도 카네기 공과대학(Carnegie Institute of Technology, 현 카네기멜론 대학교의 전신)을 설립하는 등 사회에 재산을 환원하고 있었지만, 이후 전 재산의 90% 이상을 기부해 카네기협회(대학 연구 지원), 카네기교육진흥재단(교수들의 노후 연금), 카네기국제평화재단과 공공도서관 등을 설립했다. 그는 자신의 소신대로 '부자로 죽지 않기 위해' 여생을 헌신했다. 미국이 약육강식(弱肉强食)의 가장 자본주의적인 시스템을 오랫동안 유지해온 나라이면서도 부자들에 대한 반감이 상대적으로 적은 것도 카네기와 같은 선구자가 있었기 때문일 것이다.

카네기가 철강왕이 되기까지 순탄한 경영자의 길만 걸은 것은 아니다. 1892년 7월 카네기가 스코틀랜드의 별장(당시 카네기는 건강상의 문제로 여름이면 스코틀랜드에서 지냈다)에 머물고 있는 동안 그가 대주주로 있던 홈스테드 제강소에서 노동쟁의가 발생했다. 이 과정에서 회사 측의 미숙한 대응으로 몇 명의 직원이 사망하는 등 적지 않은 사상자가 생겼다. 3,000명의 직원 중 200여 명이 임금인상을 요구하는 파업에 나서면서 무장한 보안관과 충돌이 빚어졌기 때문이었다. 8,000명의 군 병력이 투입되고 공장이 주지사 관할로 넘어가는 등 카네기의 회사 경영 역사상 가장 심각한 노동쟁의이자 사망사건이 발생했다. 이 사건으로 카네기는 '노동자의 벗'이라는 이미지에 큰 타격을 입었고, 스스로도 수년간 사람들의 조롱거리가 되기에 충분했다고 실토하고 있다. 설사 홈스테드 제강소의 노동자들이 여전히 카네기를 좋게 생각한다고 하더라도 전국의 일반 국민들은 카네기가 노동자들에게 정당한 임금을 지불하지 않으려다가 발생한 일이라고 생각할 것이기 때문이었다.

카네기는 평소 '나는 직원들을 사랑했다. 그런 내 마음이 직원들에게 전해져 그들 역시 내게 애정을 보여주었다. 노동자들은 온정에 보답할 줄 안다. 좋아하는 감정은 좋아하는 감정을 낳는다' 라는 생각을 가지고 있었다. 또 '자본, 노동과 고용주' 는 의자를 받치는 세 다리로 그 어느 하나도 나머지 둘보다 앞에 오거나 뒤에 오지 않고 셋 다 없어서는 안 될 필수요소라고 주장했다.

하지만 결국 카네기가 노동을 착취하는 무자비한 자본가라는 말을 듣게 된 것은 어쩔 수 없는 일이었다. "임금문제로 인한 노사갈등은 전체의 절반도 되지 않는다. 노사갈등의 주된 원인은 사용자 측에서 종업원들의 수고를 인정해주지 않고 친절하게 대해주지 않는 데에 있다"면서 "수고에 대한 인정과 친절하고 공정한 대우, 이런 것들이야말로 미국의 노동자들을 움직이는 힘"이라던 그의 신념에 큰 금이 가는 일이었다.

그러나 곧 바로 자본가와 노동자로 구성된 전국시민연합 회장직에 추대되면서 카네기는 명예를 회복할 수 있었다. 회장직을 고사하는 대신 집행위원을 맡기로 하면서 노동자들로부터 나쁜 경영자라는 말을 더 이상 듣지 않아도 되었다.

실제로 카네기가 직원들을 매우 아꼈다는 것은 다음과 같은 일화에서 찾아볼 수 있다. 앞서 언급한 회사 역사상 가장 심각했던 1892년 노사분규 시 주도적 역할을 하다가 경찰을 쏜 후 살인과 폭동혐의로 피해 다니면서 어려움을 겪고 있는 직원이 있었다. 이 사실을 안 카네기는 다른 직원을 시켜 자신이 보냈다는 이야기를 하지 말라면서 원하는 만큼의 돈을 보내겠다고 제의했다. 하지만 맥루키라는 이름의 그 직원은 멕시코까지 쫓겨 갔으면서도 "내가 스스로 헤쳐 나가겠다"면서 정중하게 거절했다. 훨씬 뒤에 그 제의를 한 사람이 카네기였다는 것을 안 맥루키는 "앤디는 정말 좋은 사람이군요!(That's damned white of Andy!)"라고 말했다. 'dammned'는 원래 저주의 뜻을 담고 있지만 이 경우에는 '엄청나게' 또는 '무지하게' 라는 뜻으로 해석해야 한다. 이후 '앤디(앤드루의 약칭)는 정말 좋은 사람'이라는 말이 직원 사이에 회자될 정도였다고 한다.

66세가 되면서 카네기가 갑자기 영리사업을 접고 자선사업에 헌신하기로 한 배경은 무엇일까? 사실 카네기가 자선사업을 하기로 한 것은 이전부터 결심한 일이었다. 33살 때인 1868년에 은퇴계획을 세우면서 장래의 계획을 담은 편지를 자기 자신에게 보냈다. '35세에 은퇴하여 연 수입 5만 달러로 생활하며 남는 돈은 자선사업에 쓰고 대부분의 시간을 자기교육을 위해 활용한다' 라는 계획이었다. 물론 이 계획은 30년 뒤로 미뤄지기는 하지만 일찍부터 기업과 부자의 사회적 의무에 대해 생각하고 있었던 것이다. 이와 같은 생각은 1889년 (54살)에 쓴 『부의 복음(The Gospel of Wealth)』라는 책에도 잘 나타나 있다.

카네기는 한 인터뷰에서 "돈을 어떻게 사용할 것인가?"라는 질문에 대해 다음과 같이 답하고 있다. "미국에서는 이미 가진 자보다는 아는 자들이 존경받고 있다. 하지만 상류층에서는 이들 둘 다 문제가 되지 않는다. 오히려 사람들을 위해 무엇을 했느냐가 더 중요하다. 관대하고 헌신적인 행동을 했는가, 아버지가 없는 아이들에게 아버지 역할을 했는가, 빈곤의 원인을 찾아내어 없애려고 노력했는가 하는 문제들이다."

카네기가 어렸을 때부터 긍정적이면서도 낙관적인 태도를 유지했다는 점은 자신의 가장 큰 자산이자 자선사업의 바탕이 되었다. 카네기의 긍정적인 태도는 고향 스코틀랜드를 떠나 미국으로 이민 가는 장면에서 잘 찾아볼 수 있다. 평소 정답게 대해주던 이모부와 헤어지기 싫다면서 울면서 매달리던 13살 소년 카네기는 7주간의 항해가 채 끝나기도 전에 선원들과 친해져서 심부름도 다니고 선원들의 식사에 초대받기도 했다. 결국 배에서 내리는 날에는 그 선원들과 헤어지기가 정말 섭섭해 울먹이던 소년이 세계 최고의 부자가 되리라고는 아무도 상상하지 못했을 것이다.

카네기의 배움의 자세 또한 우리가 가슴 깊이 새겨야 할 교훈이다. 카네기는 자서전에서 "사람이 무언가를 배우면 오래지 않아 그 지식을 활용할 기회가 오는 법"이라는 말을 자주하고 있다. 얼레잡이를 하다가 영어를 잘 쓴다는 이유로 사무실 직원으로 올라갔고, 거기에서 야학으로 틈틈이 복식부기를 배워 청구서는 물론 회계도 맡아하게 되었다. 또 전보배달부를 하면서는 틈틈이 통신기술을 익혀 우연한 기회에 전신기사로 승진한다. 이때가 17살 때로, 가장 나이가 어린 전신기사가 되었다. 또 문학회(웹스터 문학회)에 가입해 책을 읽고 토론하는 것은 물론 시사문제에 대한 토론도 자주 가졌다. 이때 쌓은 실력으로 카네기는 10대 때부터 신문에 투고하기 시작했다. 또 아버지가 스코틀랜드에서 수동식 직조기가 증기식으로 바뀌는 산업혁명의 기운을 제대로 따라가지 못함으로써 몰락하게 됐다는 것을 알게 되면서부터는 변화에 민감한 사업가로서의 자질을 갖추기 시작했다. 이처럼 자신은 찢어지게 가난해서 정규교육도 제대로 받지 못했지만 배움의 자세를 잃지 않았던 점은 사업 확장은 물론 후에 교수 연금 설립, 대학과 도서관 설립 등의 자선사업으로 나타나고 있다.

"여기 1,000명의 미국인이 있다고 하자. 그들은 신천지(新天地)에서 학교와 교회를 세우고 신문을 만들고 브라스밴드를 조직하는 등 문명세계에 필요한 모든 설비를 갖추어 나가면서 국가발전에 앞장선다. 1,000명의 영국인이 있다면? 아마도 그들은 세습적 지위가 가장 높은 사람을 가려내어 그를 지도자로 추대하려 할 것이다. 이에 반해 미국인들에게는 가장 유능한 사람에게 일을 맡긴다는 한 가지 법칙

밖에 없다.”

카네기가 1860년대 초반 유전개발 붐이 일어나고 있는 펜실베이니아 지역을 여행하면서 쓴 글에 나오는 부분이다. 몇 시간 만에 뚝딱뚝딱 지은 오두막에 살면서도 마치 소풍을 나온 듯 유쾌한 분위기로 일하는 미국인들의 적응력에 놀라워하며 자신이 태어난 영국과 자신이 성공한 미국을 비교한 것이다.

물론 150여 년이 지난 지금의 상황은 많이 달라졌다. 하지만 가장 유능한 사람에게 일을 맡긴다는 법칙이 제일 잘 들어맞는 나라가 아직도 미국이라는 점에 이의를 제기하는 사람은 많지 않을 것이다. 미국이 지금도 ‘기회의 땅’이라는 말을 듣는 것도 이 법칙 때문일 것이다. 특히 카네기는 가장 유능한 사람을 가장 적절한 장소에 배치하는 적재적소(適材適所)의 원칙을 실천하고자 스스로 노력한 것으로 잘 알려져 있다. “여기에 자기 자신보다 더 우수한 사람을 어떻게 다뤄야 하는지 아는 사람이 누워 있다”라는 문구가 카네기의 묘비에 적혀 있다고 하지 않는가. ‘아메리칸 드림(American dream)’도 카네기와 같은 성공담이 있기에 가능한 말이 되었을 것이다.

아메리칸 드림의 모델이라고 할 수 있는 카네기가 미국 최대의 자선사업가가 된 가장 큰 배경은 뭐니뭐니해도 그가 가장 큰 부자였기 때문이다. 카네기는 큰 부자가 되지 않고서는 큰 자선사업도 할 수 없다는 것을 보여주는 대표적인 예라고 할 수 있다. 카네기는 세계

거대 부자인 동시에 세계 유명 기부가인 마이크로 소프트의 빌 게이츠와 투자회사 버크셔 해서웨이의 워렌 버핏의 역할모델이라고 할 수 있다. 앞으로도 미국에서는 게이츠나 버핏과 같은 자선사업가들이 계속 생겨날 것이다. 그들을 모두 '정말 사람 좋은 앤디'의 후예들이라고 불러도 되지 않을까?

더러움에서 깨끗함으로 변신 : 록펠러

　존 데이비슨 록펠러는 극과 극의 평가를 받은 부자로 가장 잘 알려져 있다. 1839년 뉴욕 주 리치포드의 가난한 가정에서 태어난 그는 곡물도매상의 경리로 사회생활을 시작한 이후 석유회사 스탠더드 오일을 설립, 세계 제일의 부자가 되었다. 하지만 그 과정에서 록펠러는 편법을 써서 석유사업의 동맥인 철도를 장악하는 것은 물론 뇌물과 리베이트로 경쟁자들을 물리쳤고, 노동운동을 철저히 탄압했다. 1870년대 후반에는 미국 석유시장의 95%를 독점해 미국 경제를 주무르면서 독점의 횡포와 피해가 어떤 것인지를 일반 국민과 정부, 기업, 경제학자들에게 분명하게 인식시켰다. 국민들은 그에게 '우리 시대에 가장 혐오스러운 인물'이라는 불명예스러운 별명을 붙여 주었다.

　그러나 말년에 그는 '하나님의 뜻에 따라' 막대한 재산을 사회에 기부하였으며 사업에서 손을 뗀 후에는 죽을 때까지 평소대로 검소하고 신앙이 깊은 농부로 살았다. 록펠러는 "신에게서 돈을 버는 재능을 부여받았기 때문에 더 많은 돈을 주위 사람들에게 베풀어야 한다"라고 말했다. 1920년대 말 대공황이 닥쳤을 때는 록펠러 센터의 건축을 당초 계획보다 확대해 실업해소와 소득증대에 기여하기도 했다. 뿐만 아니라, 자신의 외아들 록펠러 2세 또한 자선사업가로 설 수 있도록 열과 성을 다했다. 이와 같은 그의 노력은 자선과 기부가 4대를 이어갈 수 있는 전통을 만드는 밑거름이 되었다.

어느 한 신문의 만평에서는 록펠러를 한 손으로는 동전을 적선하면서 다른 한 손으로는 금덩이가 든 가방을 훔치는 위선자로 그리고 있다. 그가 교회에 기부한 돈은 '더러운 돈'이라는 논쟁이 붙기도 했다. 버트란트 러셀은 "현대를 만든 사람들, 그중에서도 가장 두드러지는 두 사람은 록펠러와 비스마르크이다. 한 사람은 경제에서, 다른 한 사람은 정치에서 개인의 자유경쟁을 통해 보편적 복지를 달성할 수 있다는 자유주의자의 꿈을 깨뜨렸다. 그리고 독점체제와 관료제 국가를 이룩했다"라면서 록펠러를 비판했다. 더욱이 스탠더드 오일이 독점의 횡포를 한창 부리고 있을 당시 시오도어 루스벨트 대통령은 "록펠러가 얼마나 선행을 하든 그 부를 쌓기 위해 저지른 악행을 갚을 수 없을 것"이라고 말했다. 하지만 록펠러는 죽기 전에 이미 위대한 기부자라는 말을 듣기 시작했을 뿐 아니라, 죽고 난 후 지금까지도 그에 대한 존경과 사랑은 이어지고 있다.

록펠러는 가난한 환경에서도 낙관적인 희망을 잃지 않는 씩씩한 청년이었다. 친구들에게 "아무도 어떻게 될지는 몰라. 하지만 나는 부자가 될 거야. 나는 꼭 큰 사람이 될 거야"라고 자주 말했다. 돈을 벌기 위해 열여섯 살에 학교를 그만두고 한동안 일자리를 구하지 못하는 와중에도 희망의 끈을 놓지 않았다. 결국 몇 번이나 거절당했던 회사에 일자리를 얻게 된 록펠러는 '성공하기 위해서는 아주 열심히 일해야 한다'라는 마음가짐으로 누구보다 열심히 일을 해 인정을 받았다. 또 기회가 왔을 때는 과감하게 박차고 나와 회사를 차렸다. 20세가 되던 1959년에는 5년여 동안 일해오던 곡물도매상의 동료와 함께 '클라크 앤 록펠러'를 설립해, 식료품 등 생필품을 팔아 큰돈을 벌었다. 그 사이에 부업으로 클리블랜드에 정유소를 세운 것이 이후 인생의 전환점이 되었다.

그의 부모들 또한 가난한 가운데서도 아들이 신앙과 절약, 신용으로 살아가기를 바랐다. 그의 아버지는 번화한 도시로 나가 아들에게 좋은 신발을 사주면서 돈이 있어야 한다는 것을 깨닫게 했고, 어머니는 항상 "낭비는 재난을 부른다"라고 말했다. 밖에서는 그를 가장 혐오스러운 사람이라고 비아냥거렸지만 록펠러는 언제나 열심히 일하면서도 검소하고 신앙심이 깊은 아들이자 아버지, 남편이었다. 그는 평생 일기를 쓰듯이 자신만의 가계부를 썼고, 독실한 기독교 신자로서 '수입의 10분의 1 헌금'이란 원칙을 지켰다. 술과 담배, 여자를 멀리하는 금욕적 삶을 살았으며 가족을 최우선으로 여겼다. 그가 자기 자신에게 허용한 유일한 오락은 오로지 거래의 성공뿐이었다고 할 정도였다.

미국의 남북전쟁은 수많은 부자를 만들어내고 새로운 산업이 생겨나는 시발점 역할을 했다. 군수물자를 만들어내는 것은 물론 이를 운송해야했기 때문이었다. 그중에서도 록펠러에게는 클리블랜드 부근에서 유전이 발견된 것이 가장 큰 행운이었다. 정유산업과 운송산업이 크게 발전할 것으로 내다본 전망이 맞아떨어지면서 큰돈을 만지게 된 록펠러는 1870년 자본금 100만 달러로 스탠더드 오일을 설립했다. 이후 불황기에는 철도와 석유회사 간에 카르텔(Cartel, 기업결합)을 형성해 운송료와 석유산업의 마진을 담합·조정했다. 카르텔에 들어오기를 거부하는 회사를 무너뜨리는 전략을 통해 록펠러는 미국 석유시장의 95%를 장악했다. 1882년에는 40개의 석유회사를 트러스트(Trust, 기업합동: 카르텔보다 강한 의미의 기업 간 독점합의)로 묶으면서 대표적인 독점자본가의 위치로 올라섰다.

그는 자신이 장악할 수 없는 일은 하지 않았다. 동업자가 헤어지자고 하면 자신이 회사를 송두리째 인수하여 끌고 나갔다. 그가 전술가로 계획을 세우면 동료들이 그 계획에 따라 실행했다. "성공하려면 귀는 열고 입은 닫아야 한다"라는 자신의 말대로 거침없이 수단과 방법을 가리지 않고 추진해 나갔다. 이 과정에서 그는 '우리 시대의 가장 혐오스러운 인물' 이라는 비난을 받게 된 것이다.

마침내 미국 정부와 의회가 나서기 시작했다. 이 집요하고 혐오스러운 석유재벌의 총수를 그냥 두고 볼 수만은 없었던 것이다. 1890

년에 독점금지법(Sherman Antitrust Act)이 제정되었고, 1903년에
는 법무부 내에 독점금지국이 신설되었다. 당시 주요 산업이었던 석
유 외에 철도와 철강 등에서도 소수의 독점자본가가 생겨났기 때문
이었다. 이에 따라 미국 정부는 1906년 스탠더드 오일에 대한 소송
을 제기했고, 이후 장기간에 걸친 공방전 끝에 대법원은 1911년 스탠
더드 오일을 30개로 분할할 것을 명령했다. 이에 따라 세계 역사상
가장 거대했던 석유 독점기업은 34개의 회사로 분할됐으며, 오늘날
의 엑손, 쉐브론, 모빌, 아모코와 같은 석유기업들이 탄생하는 분기
점이 되었다.

록펠러가 경영 일선에서 물러난 1897년에 그의 스탠더드 오일 지
분은 2억 달러에 달했다. 더욱이 독점금지법의 판결에 따라 회사가
분할된 이후에는 자동차산업이 급속히 발전하면서 주가가 더 올라
1913년에는 10억 달러의 재산을 소유하게 되었다. 인플레이션을 감
안하면 지금까지도 사상 최고의 부자가 된 것으로 평가받고 있다.

1897년에 은퇴한 록펠러는 이후 자선사업에만 전념했다. 제2의 인
생을 시작한 셈이었다. 자신의 재산을 관리해온 프레더릭 게이츠 목
사의 영향도 있었지만 강철왕 카네기와의 자선사업 경쟁의식도 작용
했던 것으로 알려지고 있다. 1910년 뉴욕의 '아메리칸' 지는 두 사람
이 지난 20년 동안 기부한 금액의 총액을 비교하는 기사를 실었다.
"앤드류 카네기 1억 7,930만 달러, 존 록펠러 1억 3,427만 달러."

1913년에는 '인류의 복지 증진'이라는 슬로건 아래 록펠러 재단을

출범시키는 한편 시카고 대학을 설립했다. 그는 시카고 대학에만 총 4억 1,000만 달러를 기부했다. 이후에도 록펠러 의학연구소와 다양한 교육재단을 설립했고, 2차 세계대전이 끝난 후 국제연합(UN)의 탄생이 확정되자 록펠러 재단은 뉴욕 시내의 땅을 매입해 UN 건물을 지을 수 있도록 무상 기증했다.

록펠러의 자선사업은 남다른 점을 가지고 있다. 먼저 드러나지 않으면서 자선사업하기를 원했다. 시카고 대학이 설립자 록펠러의 이름을 학교명에 집어넣겠다고 했지만 끝까지 사양했다. 록펠러는 자신이 기증한 건물에 이름이 새겨지는 것까지도 거절했다. 록펠러는 자선을 베푸는 방식에 대해서도 많은 고민을 했다. 자신이 지원하는 사회사업들이 자생력을 갖추게 하는 데 가장 많은 신경을 썼다. 아무리 돈을 쏟아 부어도 해당 단체들이 스스로 운영할 능력을 갖추지 못하면 결국에는 밑 빠진 독에 물 붓기나 마찬가지라고 생각했기 때문이었다. 이를 위해 록펠러는 한꺼번에 큰돈을 지원하지 않고 종자돈(seed money)을 먼저 지원한 뒤 제대로 굴러가겠다는 전망이 서야 지원액수를 늘려갔다. 다른 경로를 통해 사업자금을 지원받도록 유도하는 데도 적극적이었다. 사실 록펠러의 이와 같은 기부 방식은 실천하기가 더 어려운 길이다. 돈을 그냥 쾌척하는 것과 달리 기업을 경영하듯 지속적으로 관심을 기울여야 하기 때문이다. 그러나 그것이 진정으로 그들을 돕는 길이라는 것이 록펠러의 기부철학이었다.

이렇게 많은 기부를 하면서도 록펠러는 자신과 가족을 위해서는 돈을 쓰지 않았다. 술, 담배를 하지 않는 것은 물론 파티나 극장에 가는 일도 없었다. 자식들 용돈도 같은 또래 친구보다 적게 주었다. 외아들 록펠러 2세는 40대까지 아버지에게서 용돈을 받아썼고, 아버지보다 더 철저한 금욕주의자가 되었다.

1937년 97세의 나이로 죽을 때 록펠러의 생활은 주위의 다른 농부들과 조금도 다를 것이 없었다. 아침에 일찍 일어나 열심히 농사일을 하고, 해 떨어지면 바로 잠자리에 들고 일요일은 하루 종일 교회에서 보냈다. 그는 세계 최고의 부자이면서도 죽기 직전까지 수도승처럼 살았다. 인생의 전반부를 악명 높은 기업가로 보낸 록펠러가 인생의 후반부를 위대한 기부자의 삶으로 돌려놓을 수 있었던 것도 그의 이와 같은 경건한 태도가 있었기 때문일 것이다.

평양의 고결한 여성부자 : 백선행

"내가 쓰다 남은 돈이 있어 돌집 한 채 짓고 몇 학교에 돈을 좀 내었기로 뭐 그다지 훌륭해서 찬양회를 한다니 세상 사람들은 부질없기도 하오. 사회에 돈을 내는 뜻? 무식한 늙은이에게 뜻 같은 게 있을 리 있나. 자손 없는 백 과부, 돈 남기고 죽어서 친척 녀석들이 재산

싸움한다는 소문이라도 나면 그런 험한 꼴이 어디 있나. 그러니 내 생전에 세상에 좋다는 사업에 썼으면 좋은 일 아니겠나?"(동아일보, 1933년 5월 12일자)

조선 최초의 여성 사회장으로 치러진 백선행의 장례식을 보도하는 동아일보의 기사에 나오는 글이다. 백선행이 1930년 11월, 교육계와 실업계 대표와 학생 등 300여 명이 참가한 '백선행 여사 찬하회(찬양회)'에서 조만식 등의 축사에 대한 답사로 한 말 중 일부분이다.

백선행은 가난한 집의 무남독녀로 태어나 어려서 아버지를 잃고 과부가 된 어머니 밑에서 고생하면서 자랐다. 열네 살에 가난한 농부에게 시집을 갔지만 남편이 2년 후에 죽어 나이 열여섯에 소녀과부가 되었다. 친정어머니께로 돌아온 백선행은 악착같이 돈을 벌기 시작했다. 과부 모녀는 '먹기 싫은 것 먹고, 입기 싫은 옷 입고, 하기 싫은 일 하자' 면서 해가 짧은 겨울에는 하루에 한 끼만 먹었다.

하지만 조선 말기 사회에 여자가 할 수 있는 일이라고는 별로 없었다. 오히려 2대에 이은 과부라고 괄시도 받고 친척들에게 재산을 빼앗기거나 남들에게 사기를 당하기도 했다. 심지어 탐관오리로 악명 높았던 평양부윤(시장)은 백선행의 돈을 빼앗으려고 감옥에 가두기도 했다. 그런 가운데서도 백선행은 텃밭 가꾸기는 물론 무명과 명주 짜기, 돼지치기, 콩나물장사, 삯바느질 등 닥치는 대로 일을 했다. 돈이 생기면 곧바로 논과 밭, 땅을 사서 재산을 불려나갔다. 글도 숫자도 모르는 백선행은 수수깡에다 손톱으로 표시를 하는 자신만의 방식으로 금전출납을 기록했다. 그러나 한 번도 계산이 틀린 적이 없을 정도로 남다른 재주가 있었다.

어머니마저 돌아간 후 과부 혼자 사는 집에 수시로 강도가 들이닥쳤다. 백선행은 얼굴에 큰 상처를 입기도 했으면서도 강도에게 한 푼의 돈도 빼앗기지 않았다. 주위 사람들이 "돈을 좀 내어주면 이렇게까지 곤욕을 당하지 않을 것"이라고 말하자 백선행의 대답은 이랬다고 한다. "불쌍한 사람들에게도 다 못 나눠주는 돈을 밤중에 달려들어 사람을 때리고 중상 입히는 놈에게 어찌 주겠나? 내 목숨이 없어져도 돈만 남아 있으면 그 돈이 좋은 일에 귀하게 쓰이게 될 것을 아는데, 눈을 뜨고 내 손으로 그런 나쁜 놈에게 돈을 내어줄 수야 있나?" 돈을 어렵게 벌어본 사람만이 돈의 귀함을 안다고 말할 수 있는 대목이다.

그녀는 환갑(만 60세)이 되기 전까지는 그야말로 악착같이 돈을 벌고 재산 늘리기에 노력했다. 웬만큼 재산이 늘어나자 돈이 돈을 벌어들이기 시작했다. 논과 밭에서 나오는 수입으로 다시 논과 밭을 사는 식이었다.

강도가 수시로 들이닥치자 백선행은 집안 곳곳을 쇠창살로 에워쌌다. 그래서 생겨난 별명이 '수전노 백 과부' 또는 '철창살 속의 암사자' 였다. 그러나 그 시절에도 백선행은 나름대로 재테크 수칙을 가지고 있었다. 자신은 예전처럼 구질구질하게 살아도 단 한 번도 가난한 사람들을 상대로 돈놀이를 하지 않았다. 당시 대다수 부자들이 돈놀이에 열중했던 것과 달리 백선행은 자신의 노력으로 돈을 벌되 깨끗하게 벌려고 노력했던 것이다.

이렇게 부자가 된 백선행은 1908년 환갑을 맞으면서 새로운 이름을 얻는다. 조선 말기의 여자로 태어나 이름도 없던 그녀는 사실 그간에는 '백 과부'가 이름이었다. 그녀는 부자가 회갑잔치도 않는다면서 동네사람들이 비난을 하는 가운데 생일날 아침에도 여느 때처럼 보리밥으로 요기를 마치고 47년 전에 돌아간 남편의 묘소를 찾았다. 돌아오는 길에 남편 묘소가 있는 동네(대동군 고평면 객산리)에 들러 나무다리 대신 돌다리를 놓아주겠다고 말한다. 그 나무다리는 낡은 데다 교각도 낮아 큰 비가 오면 물이 넘치기 일쑤였기 때문에 돌다리를 놓는 것은 동네사람들의 숙원사업이었다. 백 과부는 자신의 돈 3,000원을 들여 돌다리를 놓았다. 3,000원은 당시 부자들의 화려한 환갑잔치를 100번은 할 수 있는 돈이었다.

객산리 사람들은 백 과부의 선행으로 준공된 돌다리를 처음에는 '백 과부 다리'라고 불렀다. 그러나 동네유지들이 나서서 '과부'라고 부르는 것이 민망하다고 하여 '과부' 대신 '선행(善行)'이라고 부르기로 하고 다리 이름도 '백선교(白善橋)'라고 부르기로 하였다. 이후 백 과부는 '백선행'이라는 이름으로 불리기 시작하였다. 태어난 지 만 60년 만에 선행을 통해 '선행'이라는 이름을 얻은 셈이었다.

이후 백선행의 재산이 더 늘어나는 것과 동시에 선행도 이어졌다.

하지만 한번은 거간꾼(중개사)에 속아 낭패를 볼 뻔 하기도 했다. 평생 과부로 수절하면서 좀처럼 남의 말을 믿지 않는 그녀였지만 1917년에는 어쩐 일인지 좋은 땅이라는 말만 믿고 평당 7~8원이나 주고 수천 평의 땅을 샀다. 하지만 그 땅은 석회질이 많아 풀도 제대로 자라지 않는 황무지로, 실제 가치는 평당 1~2전에 불과한 땅이었다. 그러나 일이 되느라고 2~3년 후에 일본인이 그 땅에서 시멘트 원료를 생산할 수 있다는 것을 발견했다. 일본인은 그 사실을 비밀에 붙이고 부근 토지를 매수하기 시작했지만 이를 알아챈 백선행은 마지막까지 흥정을 벌여 결국 평당 70원에 팔아넘겼다. 3년 사이에 무려 10배의 수익을 올리게 된 것이었다.

이로 인해 백선행의 재산은 30만 원으로 늘어나면서 일약 동네부자에서 평양의 부자대열에 들게 되었다. 당시 30만 원은 요즘으로 치면 300억 원 이상 가는 것으로 평가되고 있다. 이렇게 해서 든든한 기반을 다지게 된 백선행은 본격적으로 돈을 쓰기 시작했다. 자신의 일상생활은 여전히 검소한 가운데 어느 학교가 돈이 필요하다고 하면 아낌없이 지원에 나섰다. 광성보통학교, 숭현여학교, 창덕보통학교, 숭인상업학교 등에 평생을 고생하면서 모은 18만 원 상당의 재산을 기부했다. 자신은 글도 모르고 자식도 없는 과부이면서도, 조선의 가난한 젊은이들에게 배울 기회를 주기로 한 것이었다.

주위에서 친지들이 이렇게 마구 쓰다가는 남아나는 게 없을 것이라고 충고하면 "돈이란 써야지 돈 값을 하지. 쓰지 않으려면 돈은 모아서 뭐하나"라는 답이 돌아왔다. 유산이 줄어들 것을 걱정하는 양아들에게도 같은 말을 했다. 이렇게 해서 백선행은 1920년대에는 조선을 대표하는 여성 사회사업가로 온 국민의 존경을 받았다. 백선행의 선행을 기리는 각종 모임이 이어지는 것은 물론 기념비와 동상 제막식 등이 이어졌다. 1929년에는 평양에 14만 6,000원을 들여 3층짜리 공회당을 건립했다. 개관식 사회를 맡은 조만식은 백선행의 뜻을 기리는 의미에서 새로 지은 공회당의 공식명칭을 '백선행기념관'이라고 명명했다. 백선행기념관은 광복 전까지 평양시민의 집회와 문화행사장으로 두루 사용됐고, 현재까지도 그 자리에 있는 것으로 알려지고 있다.

백선행은 환갑 이후 세상을 떠날 때까지 26년 동안 총 31만 6,000원을 사회에 기부했다. 낭비벽이 심한 양손자에게는 수천 원 상당의 땅을 남겼을 뿐이다. 말 그대로 노블리스 오블리주를 온 몸으로 실천한 경우라고 할 수 있다. 1933년 백선행이 86세로 돌아가자 온 평양시민들이 애도했다. 광성보통학교, 숭현여학교, 창덕보통학교, 숭인상업학교는 전교생이 휴교하고 장례식에 참석했다. 평안남도 지사와 평양부윤은 물론 평양부근 각 고을의 군수와 면장, 사회단체 대표 등 당시 평양 인구의 3분의 2에 해당하는 10만여 명이 백선행을 애도했다. 장의행렬이 2km에 달할 정도였다. 화창한 봄날의 토요일이었음에도 대동강변에는 소풍객들이 거의 없었다고 한다. '개같이 벌어 정승처럼 쓴다'라는 속담처럼 백선행은 가장 낮고 어려운 환경을 극복

하는 데 그친 게 아니라, 황희 정승처럼 온 백성의 존경과 찬사를 받는 정승으로 살다가 갔다. 특히 '정승집 개가 죽으면 문상이 줄을 이어도 막상 정승이 죽으면 문상객이 드물다' 라는 속담과는 반대로 살아서나 죽어서나 정승 대우를 받았다고 할 수 있을 것이다.

마지막으로 한 가지 언급할 점은 조선 최초의 여성 사회장이라는 영광을 받은 백선행이 우리 사회에 비교적 덜 알려졌다는 것이다. 아마도 그녀의 행동반경이 평양 일대였고 해방 이후 북한에 속했기 때문이었을 것이다. 다행히 최근에 전봉관 교수가 쓴 『럭키경성』 (2007, 살림) 등에 백선행의 행적에 대해 보다 자세한 내용이 실려 있다.

조선의 첫 여성 CEO 겸 자선가 : 김만덕

김만덕은 조선 후기 제주에서 지지리도 가난한 양인(良人, 평민)의 딸로 태어나 기생이 되었다가 왕조실록에 이름을 올린 의녀(義女)이다.

"제주의 기생 만덕(萬德)이 재물을 풀어서 굶주리는 백성들의 목숨을 구하였다고 목사가 보고하였다. 상을 주려고 하자, 만덕은 사양하면서 바다를 건너 상경하여 금강산을 유람하기를 원하였다. 허락해 주고 나서 연로의 고을들로 하여금 양식을 지급하게 하였다."

조선왕조실록 정조 20년(1796년) 11월 25일에 나오는 내용이다. 신분이나 전력으로 볼 때 왕조실록에 평범한 여인의 이름이 거명되기는 매우 드문 일일 것이다. 게다가 정조는 "만덕의 소원을 들어 어렵고 쉽고를 가리지 말고 특별히 시행하라"라는 어명을 내렸다. 당시 기근이 든 제주에서 자신의 전 재산에 가까운 돈을 내어 구휼에 나선 기생에게 왕이 감동을 했기 때문이었다.

정조 재위 당시 제주는 자주 흉년이 들었던지 왕조실록에 제주의 기근과 관련한 기사가 10여 건이나 나온다. 예를 들어 정조 8년(1784년)에는 제주에 거듭 흉년이 들어 8,000석의 구호식량을 보냈다. 1793년에는 제주의 세 고을에서 600여 명이 아사할 정도로 심각한 흉년이 계속되었다. 1794년 제주목사를 지낸 어사 심낙수는 "8월에 태풍과 호우가 닥쳐 곡식을 수확할 수 없게 되었습니다. 2만 섬의 구호식량이 보내주지 않으면 장차 다 굶어죽을 것입니다"라고 장계를 올린다. 이에 채제공을 비롯한 재상들이 남해안 지역의 고을도 상황이 비슷해서 구호를 해야 할 뿐 아니라, 제주에 2만 섬을 보낸 예가 없다면서 반대를 하는데도 정조는 2만 섬을 보내고 아울러 공물과 세금도 면제하라고 명한다. 하지만 신마저도 제주를 저버렸던지 구호곡을 싣고 가던 수송선 5척이 풍랑에 침몰하고 말았다. 제주목사는 재차 1만 1,000석의 구호곡식을 긴급히 요청하지만 곡식은 오지 않고 굶어죽는 사람은 늘어나기 시작했다.

이때 나선 사람이 바로 김만덕이라는 상인이었다. 김만덕은 자신의 전 재산에 가까운 천금을 내어 육지에서 쌀(500섬)을 사들였다. 정성이 하늘에 통했는지 이번에는 운반에도 문제가 생기지 않았다. 덕분에 굶주림을 면하게 된 제주 백성들은 김만덕의 은혜를 진심으로 고마워했다. 제주목사 이우현은 왕에게 당시 상황을 자세하게 보고하였고, 이에 감동한 왕이 김만덕의 소원은 무엇이든지 들어주라는 특별한 어명을 내린 것이었다.

김만덕은 이에 자신의 소원은 "서울에 가서 임금님 계신 궁궐을 우러러 보는 것과 천하의 명산 금강산을 구경할 수 있다면 죽어도 여한이 없겠습니다"라고 대답하였다. 당시는 제주에서 여자가 육지에 나가는 것을 국법(國法)으로 금하고 있는 때였지만 왕은 이를 허락했다. 뿐만 아니라, 역마와 식사와 같은 모든 여행비용은 지나는 고을에서 전부 제공하라고 명하였다. 김만덕은 서울로 올라와 좌의정 채제공을 비롯한 여러 재상을 만난 것은 물론 정조를 직접 배알하는 영광을 받았다. 정조는 "너는 한낱 여자의 몸으로 의기를 내어 굶어죽는 사람 1,100명을 구하였으니 기특한 일"이라면서 칭찬했다. 명예직이기는 해도 내의원 의녀반수라는 높은 벼슬과 큰 상도 받은 김만덕은 금강산을 두루 구경한 다음 제주로 귀향하였다. 제주 출생 여자로서 육지로 나간 것은 물론 임금을 알현한 것은 처음 있는 일이었을 것이다.

구경을 끝내고 제주로 돌아가는 김만덕에게 좌의정 채제공은 "진시황은 해외에 삼신산(三神山)이 있다고 했다. 세상 사람들은 우리나라의 한라산을 영주산, 금강산을 봉래산이라고 한다. 너는 탐라(제주의 옛이름)에서 태어나 백록담의 물을 떠 마시고, 이제 금강산도 유람하였으니 이는 천하의 수많은 남자들도 다 못하는 일"이라면서 축하해 주었다. 여기서 삼신산은 영주산, 봉래산, 방장산을 말하는데 지리산을 방장산이라고 했다. 채제공은 아울러 김만덕이 한 의로운 일을 자세히 적은 '만덕전'을 손수 지어주었다. 또 병조판서 이가환도 "만덕은 제주의 기특한 여인일세. 높은 기풍 오래 머물러 세상을 맑게 하겠구려"라는 글귀가 든 시를 지어주었다.

김만덕은 1739년 상인을 하던 김응열의 삼남매 중 외딸로 태어났다. 열세 살 되던 해에 전염병으로 부모를 잃고 고아가 되자 친척집에서 더부살이를 하게 되었다. 그러다가 입이나 덜자고 기생의 집으로 가게 되었다. 나이든 기생은 살림을 거들 아이로 데려온 만덕이 아름다운 데다 총명한 것을 알고 노래와 춤, 악기 다루는 법을 가르쳤다. 이후 기적(妓籍, 기생의 등록명부)에 올라 한동안 기생노릇을 한 것으로 알려지고 있다. 왕조실록에 '기생 만덕'으로 기록한 것도 이와 같은 전력 때문이었을 것이다.

하지만 23세가 된 만덕은 제주목사 신광익에게 어려서 본의 아니게 기생이 되었다면서 기적에서 빼줄 것을 탄원하였다. 기생을 천한 직업으로 보던 당시 사회에서 형제와 일가친척들의 괄시가 계속된 데다 자신도 더 이상 기생으로 살아가기를 원하지 않았기 때문이었다. 김만덕은 "내가 비단옷에 좋은 음식을 먹는 동안 제주 사람들은 힘든 물질과 밭일을 하는데도 겨우 해초로 죽을 쑤어 먹으니 내가 그들을 돕게 해 달라"라면서 단식투쟁을 벌이기도 했다. 기생을 그만두기로 하면서부터 나름대로의 계획이 있었던 것이다.

결국 목사의 선처로 기적에서 빠져 양인(良人)이 된 만덕은 식당 주인과 상인으로 활동하기 시작했다. 처음에는 식당으로 돈을 벌어 객주(客主)를 열었다. 당시 객주는 여관의 역할을 하는 동시에 요즘으로 치면 도매상으로 제주특산물인 귤·미역·말총 등을 육지의 옷감·장신구·화장품 등과 교환하는 일을 했다. 돈이 제법 모이면서부터는 물건을 싼 값에 사서 보관해 두었다가 비쌀 때 내다팔았다. 상인이었던 아버지의 피를 이어받아 상재(商材)가 있었던지 김만덕은 이렇게 해서 돈을 많이 벌었다. 김만덕을 '조선의 첫 여성 CEO'라고 부르는 것도 장사(사업)를 통해 큰돈을 벌었기 때문이다. 이곳저곳에서 청혼도 들어왔지만 김만덕은 결혼도 않고 재산을 불려나가는 데 전념하였다. 하지만 그녀는 돈을 버는 데 그친 게 아니라 제주에 기근이 들자 앞장서서 구호에 나서서 수많은 제주 사람들을 살려냈다.

제주로 돌아간 후의 행적은 자세히 알려지지 않고 있지만 이후에도 김만덕은 제주에서 존경받는 여성으로 살아갔을 뿐 아니라 죽은 후에도 존경과 선망이 끊이지 않았다. 1812년에 김만덕이 죽은 후 제주로 유배를 온 추사 김정희가 1840년에 김만덕의 양손 김종주에게 '은광연세(恩光衍世)'라는 편액을 써 주었을 정도로 김만덕에 대한 제주 사람들의 존경과 감사는 이어지고 있었다. 은광연세는 김만덕의 은덕이 영원히 이어질 것이라는 뜻이다.

김만덕이 1812년에 74세로 돌아가자 유언에 따라 제주성안이 한눈에 보이는 '가운이마루'에 안장하였다. 1977년 제주 시가지가 확대되면서 이 묘소가 공장부지에 편입되자 제주도는 도민의 이름으로 김만덕의 묘소를 모충사로 옮겼다. 모충사에 있는 김만덕의 묘비에는 '행수 내의녀 김만덕지묘(行首 內醫女 金萬德之墓)'라고 쓰여 있다. 행수는 상인의 우두머리라는 뜻이고, 내의녀는 정조를 배알하기 위해 받은 벼슬 '내의원 의녀반수'에서 가져온 것이다. 제주도는 또 그녀의 은덕을 기리기 위하여 '만덕상'을 제정, 해마다 한라문화제 때 모범 여성에게 이 상을 수여하고 있다.

가난한 집의 여자로 태어나 나라님은 물론 한다하는 재상들로부터 존경과 선망을 받았고, 죽어서도 많은 제주 사람들의 '할망'이 된 김만덕이야말로 노블리스 오블리주의 전형에 손색이 없다고 할 수 있다. 할망은 할머니의 제주 사투리로 제주 사람들에게 가장 친근한 호칭이다. 고액권 화폐를 새로 발행할 때 김만덕을 최초의 여성으로 넣자는 주장이 나온 것도, 김만덕 일대기를 50부 드라마로 제작하겠다는 것도 만덕 할망의 선행이 제주 사람은 물론 우리 국민 모두에게 살아 있기 때문일 것이다.

정직과 신의로 돈을 벌어 가난을 구제한 거상(巨商) : 임상옥

'재상평여수(財上平如水) 인중직사형(人中直似衡)'

임상옥이 말년에 쓴 시에 나오는 한 구절로 "재물은 평등하기가 물과 같고, 사람은 바르기가 저울과 같다"라는 뜻이다. 임상옥을 주인공으로 소설 '상도(商道)'를 쓴 작가 최인호는 이 구절을 다음과 같이 풀이하고 있다. "평등하여 물과 같은 재물을 독점하려는 어리석은 재산가는 반드시 그 재물에 의해서 비극을 맞을 것이며, 저울과 같이 바르고 정직하지 못한 재산가는 언젠가는 그 재물에 의해서 파멸을 맞을 것이다."

연세대 경제학과 권명중 교수는 한 걸음 더 나가 물을 '균형과 절제', 저울을 '정직과 신용'으로 풀이하면서 다시 쓰고 있다. "사업의 목적은 재물에 대한 욕심을 채우는 것이 아니라 장기적 생존이 되어야 한다. 사업이 장기적으로 생존하기 위해서는 '신용'을 바탕으로 '절제와 균형'으로 재물을 추구해야 한다."(권명중, 『거상 임상옥의 상도 경영』)

임상옥은 자신이 쓴 시의 내용대로 신용을 바탕으로 정직하게 돈을 벌어 그 돈을 자신보다 못한 가난한 사람들을 위해 쓰다가 죽었다. 그는 1779년 평안도 의주에서 4대째 상인 겸 역관을 하는 집의 아들로 태어났다. 18세에 장사에 입문해 32세가 되던 1810년에는 당시의 세도가 박준윤의 아들 이조참판 박종경으로부터 국경지대의 인삼독점권을 얻어낸다. 30대 초반에 조선의 인삼독점권을 따낼 정도면 대단한 사업수완이었다고 할 수 있다. 인삼은 당시 조선의 가장 중요한 무역수단이었기 때문이다.

임상옥의 사업수완은 1821년 순조 21년에 변무사(청나라가 조선에 대해 가진 오해 또는 잘못된 정보를 해명하기 위해 보내는 특별사신) 일행을 따라가서 연경(현재의 베이징)에서 인삼을 매매한 일화에서도 잘 읽을 수 있다. 당시 청나라의 인삼이 흉작임을 알아낸 임상옥은 최상급의 인삼을 가지고 가서 이전보다 1.6배나 높은 가격을 내걸었다. 조선 인삼의 가격이 지난 200여 년 동안 근 당 은(銀) 25냥이던 것을 40냥으로 올린 것이었다. 청나라 상인들이 값을 내리지 않으면 사지 않겠다면서 불매(不買)운동에 나서자, 죽어야 산다면서 오히려 가격을 근 당 은 45냥으로 올린다. 귀국 마지막 날까지 청나라 상인들이 꿈쩍을 하지 않자 임상옥은 인삼을 모두 태우기 시작한다. 이에 놀란 청나라 상인들이 울며 겨자 먹기 식으로 달라는 대로 다 주고 인삼을 사게 된다. 청나라 인삼이 흉작인 데다 조선 인삼마저 없으면 그 해 장사를 그만 둘 상황이었기 때문이었다. 정보의 수집과 분석, 예측은 물론 위험을 감수하려는 사업가적 기질을 갖추지 않았다면 도저히 승산이 없는 게임이었다.

권명중 교수는 임상옥이 위험한 게임에 과감하게 나설 수 있었던 요인의 하나로 임상옥의 중국어 구사능력을 들고 있다. 권 교수는 임상옥이 만약 중국어를 할 수 없었다면 그와 같은 게임을 시작조차 할 수 없었을 것으로 보고 있다. 집안이 대대로 상인이었을 뿐 아니라 의주가 지역적으로 청나라와의 교역과 왕래가 빈번한 곳이었으므로 임상옥이 한자와 함께 중국어를 어릴 때부터 배웠을 것이라는 추정이다. 또 아버지가 역관 역할을 했다는 기록도 있는 것으로 보아서는 나중에 상인을 시킬 아들에게 당연히 중국어를 배우게 했을 것으로 본다. 지금이나 그때나 무역에서 외국어 능력은 필수라는 점을 잘 보여준다고 할 수 있다.

연경에서의 인삼 매매를 계기로 임상옥은 해마다 재산을 늘려 조선 최대의 거상으로 자리잡아갔다. 거상 임상옥 하면 반드시 언급해야 할 것이 '계영배(戒盈杯)'이다. 작가 최인호의 상상으로 소설 속에서 만들어진 잔이지만 조선 최대의 거상 임상옥에게 잘 맞아떨어진다. 계영배는 경계할 계(戒), 찰 영(盈), 잔 배(杯)로 과음을 경계하기 위해 일정한 한도, 즉 70%가 넘으면 새 나가도록 만든 잔이며 절주배(節酒杯)라고도 한다. 끝없는 인간의 욕심을 경계하면서 자족할 줄 아는 지혜가 담긴 그릇인 셈이다. 임상옥은 이 잔을 항상 옆에 두고 보면서 넘치는 것을 두려워할 줄 알고 도를 넘지 않는 자기성찰의 도구로 삼았다. 앞서 이야기한 '재상평여수(財上平如水) 인중직사형(人中直似衡)'이라는 좌우명이 담긴 마음의 그릇이라고 할 수 있을 것이다. 임상옥은 계영배에 담긴 좌우명과 교훈대로 상거래뿐 아니라 주위 사람과의 관계에서도 신용과 의리를 지키면서 그들이 어려울 때 자신의 마음은 물론 재물까지도 아낌없이 내준 것으로 보인다.

1832년 순조는 홍경래의 난(1811년) 때 방수장으로 의주성을 지키는 데 공을 세우고 또 자신의 재산으로 가난한 사람들을 구제하는 자선사업을 벌인 공로를 인정해 임상옥을 직접 곽산군수로 임명했다. 여기서 한 가지 짚고 넘어갈 점은 홍경래의 난 당시 평안도 지역 사람들이 상당수 홍경래 편을 든 것과는 반대로 임상옥은 관군 편에 섰다는 점이다. 이 또한 임상옥의 판단이 대단히 현실적일 뿐 아니라 미래를 내다보는 눈이 있었기 때문에 가능했을 것이고, 이와 같은 판단이 상거래에서도 위력을 발휘했을 것이다. 이어서 1834년에는 큰 홍수로 수재민이 발생하자 자신의 재산으로 수재민들을 구제한 공을 인정받아 구성부사로 승진 발령을 받았다.

하지만 비천한 상인을 관직에, 그것도 2년 만에 더 높은 직에 임명하는 것은 옳지 않다는 상소가 잇따르자 스스로 관직을 사퇴한다. 임상옥에 대한 기록이 조선왕조실록에 한 번 나오는데, 헌종 1년(1835년) 비변사에서 "비천한 상인을 부사에 임명하는 것은 사례가 없는 일"이라고 주청하는 내용이다.

임상옥은 이와 같은 양반들의 행태에 정나미가 떨어졌던지 59세가 되는 1837년에 사업을 모두 정리하고 이후 1855년 77세로 죽을 때까지 빈민구제와 시와 술로 여생을 보냈다고 한다. 사실 임상옥에 대한 기록은 거의 없을 뿐 아니라 그가 지었다는 '가포집'과 '적중일기'도 전해지질 않아서 앞서 언급한 문일평의 호암전집 등에 산재해 있는 기록으로 짜 맞추는 정도일 뿐이다.

어쨌든 임상옥이 59세 때 사업을 접고 빈민구제에 전념했다는 것은 당시로서는 획기적인 일이 아닐 수 없다. 이전에도 빈민을 구제한 것이 조정으로부터 인정을 받아 상인출신이라는 가장 낮은 신분에서 정3품 또는 종3품의 관직에까지 오를 정도였으니 그가 얼마나 많은 자신의 재산을 내놓았는지 가늠할 수 있다. 또 조선의 인삼독점권을 40년 가까이 쥐고 흔들었다면 당시 조선 최고의 부자였을 것이라는 추측도 가능하다. 그런 그가 자신의 재산을 다 털어 죽을 때까지 빈민구제에 나섰다는 것은 우리나라에도 카네기와 록펠러에 못지않은 자선사업가가 있었다고 말할 수 있는 부분이다.

끝으로 한 가지 아쉬운 부분은 임상옥에 대한 보다 자세한 정보를 구할 수 없다는 점이다. 그의 근거지가 의주였으므로 북한 지역 어디선가 그의 후손들이 살아있어서 가포집이나 적중일기를 가지고 있기를 기대해 본다. 문일평(1888~1939)이 임상옥의 간단한 생애와 시 몇 수를 기록할 정도였다면, 적어도 1900년대 초반까지 가포집이나 적중일기가 전해지고 있었다고 볼 수 있기 때문이다.

늘어나는 멋진 부자들
– 부자 되는 길이 다양해졌다

현재 멋진 부자 찾기가 가능해진 이유는 정당한 방법으로 부를 축적하는 길이 늘어났기 때문이다. 은행이나 증권사에서 부자 고객을 상대하는 프라이빗 뱅커(PB)들의 이야기를 들어보면 아직까지는 고객 대부분이 소위 '땅부자' 들이라고 한다. 1970년대 이후 경제 개발 시기에 불어 닥친 부동산 개발의 여파이다. 그러나 최근 부자 중에는 과거 방식의 '땅부자' 를 탈피한 부자들이 늘어나고 있다. 지식과 정보를 무기로 벤처 회사를 창립하거나 월급쟁이 최고경영자(CEO)가 되어 고액연봉과 스톡옵션으로 돈을 모은 부자들이 출현하고 있다. 성과에 따른 인센티브 제도가 확대되면서 경영 기술과 영업 기술로 무장한 지식 전문가 그룹도 잇따라 부자 대열에 합류하고 있다. 이들을 '한국의 21세기형 부자' 라고 불러도 좋을 것이다.

50년 전만 해도 한국에서 부자를 가리키는 말은 '만석꾼' 이나 '천석꾼' 이었다. 경주 최 부잣집이 대표적인 '만석꾼' 이었다. 적어도 천석꾼은 돼야 부자라고 볼 수 있었다. 천석꾼이 되려면 최소한 20만 평의 땅을 가지고 있어야 했다. 삼성 창업주인 이병철의 아버지가 천석꾼이었다고 한다. 20만 평의 땅이라면 땅값을 3.3제곱미터(1평) 당 3만 원으로 봐도 60억 원의 재산을 가진 집이다. 최근 개발 열풍이 불어 3.3제곱미터 당 200만~300만 원으로 상승한 땅을 가지고 있었다면 천석꾼은 4,000억~6,000억 원의 재산을 가진 초대형 부자가 됐을 것이다.

1970~1980년대 경제 개발기를 거치면서 새로운 부자가 되는 길이 탄생했다. 제조업체를 운영하고 부동산을 개발하는 것이다. 지금 한국의 대표적인 부호들인 재벌이 이 시기에 탄생했다. '개발의 떡고물' 이 어디서 생길지 예측한 사람들은 짧은 기간에 부자로 변신할 수 있었다.

1997년 외환위기 이후에는 한국 사회가 전반적으로 실적과 그에 따른 인센티브를 중시하는 분위기로 변모하면서 스톡옵션과 고액연봉을 받거나 영업 등을 잘해도 부자가 될 수 있게 됐다. 2000년대 들어서는 부자가 되는 또 다른 길이 생겼다. 벤처 창업이었다. 코스닥 시장 거품이 빠지면서 환상이 어느 정도 꺼지긴 했지만, 지식과 기술만 있다면 주식 상장을 통해서 부자가 될 수 있는 방법이 생긴 것이다.

부자가 되는 길이 다양해지는 현상은 이미 미국과 일본, 유럽 등 선진국에서 나타났던 것이다. 자본주의 역사가 길어지면서 조상에게 물려받은 부가 공고해지기도 했지만 다양한 길을 따라 당대에 부자가 되는 사람도 늘어나고 있는 것이다.

선진국의 부자 연구에 따르면 당대에 재산을 모은 부자가 80%에 이른다. 미국의 부자 연구가인 토머스 스탠리가 1996년 1,000여 명의 백만장자에 대한 설문조사를 한 결과 80%가 당대에 부를 축적한 사람이었다. 특히 백만장자의 50% 이상은 "1달러도 상속받지 않았다"라고 대답했다. 이는 과거에도 마찬가지였다. 1892년 스탠리 레버곳은 『미국의 경제』란 책에서 "4,000여 명의 백만장자에 대한 연구 결과 84%가 재산을 상속 받지 않은 신흥 부자였다"라고 적었다.

일본에서도 당대에 부자가 된 비율이 높았다. 일본의 부자 연구가인 혼다 켄(本田健)은 2004년 일본의 백만장자 1,000여 명을 대상으로 설문 조사를 했다. 일본의 백만장자 중 80%는 맨손으로 시작해서 현재의 부를 일궜다. 유산과 사업을 물려받아 부자가 된 경우는 20%에 불과했다.

2008년 포브스의 세계 억만장자 순위를 보더라도 세계 최고 갑부 10명 중 1위인 워렌 버핏 등 6명이 순수하게 자수성가한 사람들이다. 순수하게 유산을 상속받아 부자가 된 경우는 1명에 불과하고 3명은 상속받은 유산을 불린 사람들이다.

영국의 경제 잡지 이코노미스트는 2001년 '신흥 부자(New Rich)' 특집에서 1990년대에 세계적으로 부자가 증가한 현상에 대해서 심층 분석했다. 이코노미스트는 "1990년대에 대기업 경영자에 대한 스톡옵션이 증가하고 가족형 기업의 주식시장 상장이 늘어나는 등 주식시장의 작용이 개인 부의 증가를 부추겼다"라고 진단했다. 세계적으로 신기술 개발·글로벌화의 진행·시장경제의 확산 등으로 인해 실적이 좋은 기업이나 개인에 대한 보상이 커진 것도 전 세계적으로 부자가 늘어나는 데 크게 기여했다.

그럼에도 불구하고 한국에서는 여전히 땅부자의 길을 추구하는 사람들이 많다. 50여 년 전 땅이 유일한 생산 수단이었을 때의 사고방식이 여전히 우리 사회를 지배하고 있는 것이다. 그러나 21세기에도 땅부자의 길을 추구하는 것은 지식과 기술로 부자가 되는 게 확산되는 세계적 흐름에 역주행하는 것이라고 생각한다.

그렇다면 21세기형 멋진 부자는 어떤 방식으로 부를 축적하고 있을까? 몇 가지 예를 들어 보도록 하겠다. 먼저 전문가형 부자란 자신이 가진 전문적인 지식과 경영 기술을 활용해서 부자가 된 경우이다. 우리나라 최대의 벤처 갑부인 김정주 넥슨 사장은 대표적인 전문가형 부자라고 할 수 있다. 김 사장은 1994년 자본금 6,000만 원으로 넥슨을 창업했다. 1996년 온라인 게임인 '바람의 나라'의 유료 서비스를 시작으로 외환위기 이후 인터넷 PC방의 붐과 더불어 넥슨은 폭발적으로 성장했다. 넥슨의 경쟁력은 온라인 게임이란 한 우물을 파는 동시에 압도적인 기술력을 유지한 것이다. 온라인 게임의 경쟁력은 동시에 많은 네티즌이 접속할 수 있는 것이다. 처음에는 수십 명 정도가 동시에 접속할 수 있는 기술이었지만 현재는 3만 명 이상이 동시에 접속해도 온라인 게임이 무리 없이 작동한다.

자수성가형 부자는 남의 도움을 받지 않고 스스로 성공한 경우이다. 중소기업 사장들이 대부분 자수성가한 부자였다. 그중 국내 양변기 부품 시장의 80%를 공급하고 있는 송공석 와토스코리아 사장의 경우를 보자. 전라남도 고흥에서 빈농의 아들로 태어난 송 사장은 1973년에 5만 원을 빌려, 양변기 부품을 만드는 1인 기업인 남영공업사(와토스코리아의 전신)를 창업했다. 송 사장은 초등학교만 나왔지만 세상 돌아가는 이치는 누구보다 먼저 깨쳤다. 화장실이 있는 한 양변기 부품은 영원히 돈을 벌어다 주는 사업이라고 생각한 것이다. 1988년 올림픽을 즈음해서 수요가 급증하면서 양변기 품귀 현상이 일어났고 이때 큰돈을 벌었다. 그는 2005년 11월 회사를 코스닥 시장에 상장하면서 공식적인 갑부 대열에 합류하게 됐다. 송 사장 재산의 원천은 회사 지분에서 나오는 배당금과 월급이다. 송 사장은 부동산 투자도 하지 않았다. 송 사장은 개인 돈과 회사 돈을 엄격하게 구분하고 회사 돈으로 접대비를 쓰지 않는 것을 원칙으로 하고 있다. 접대성 골프도 개인 돈으로 하고 있다.

하지만 정당하게 돈을 벌었더라도 현명하게 쓰지 못한다면 좋은 부자의 반열에는 오르지 못한다. 세계적인 소프트웨어 회사인 오라

클의 공동 창업자인 래리 엘리슨(Larry Ellison)은 미국에서 대표적인 헤픈 부자로 거론된다. 경제 잡지 포브스에 따르면 엘리슨의 재산은 250억 달러로 세계에서 14번째 부자이다. 엘리슨은 캘리포니아의 부자 동네인 말리부의 호화 저택을 여러 채 사들이고 요트와 고급차에 돈을 물 쓰듯 쓴다. 때문에 비록 소프트웨어 개발이라는 정당한 방법으로 돈을 벌었을지라도 '가장 먼저 빈털터리가 될 것 같은 부자' 라는 악평을 받기도 한다. 좋은 부자가 되기 위해서는 정당하게 버는 것도 중요하지만 돈을 현명하게 쓰는 것도 중요하다.

제 V 장

부자역사에서 배우는 부자가 되는 방법

01

부자와 일반인의 관계

유리벽

우리나라의 부자가 아닌 많은 사람들이 우리와 부자는 다르다는 것을 너무 집념화하면서 인위적 단절의 담장을 자신과 부자에게 과도하게 부각시키고 있다. '우리 같은 서민과 돈 많은 사람은 아주 다르다'라는 피상적인 선입관을 너무나 많은 일반인들이 가지고 있다. 일반인과 부자는 서로 다르게 보일 수도 있고, 비슷하게 보일 수도 있다. 일반인들이 부자를 직접 만나본 경험의 많고 적음의 차이에서 이와 같은 다른 의견들이 나타날 수 있다고 필자는 판단한다.

필자는 엄청난 거부도 만나고, 맨몸 이외에는 아무 것도 없는 노숙인도 만난다. 필자는 50평도 훨씬 더 되는 것 같아 보이는 고급음식점의 아주 조용한 방에서 수십 가지의 음식을 놓고 거부와 둘이서 발렌타인 30년 몇 병을 같이 마신 적도 있었고, 너무나 허름한 뒷골목의 감자탕 집에서 육체노동을 하시는 몇 분과 소주를 밤새 마신 적도 있었다. 돈 많은 부담에 인생의 낙이 별로 없는 거부의 한탄이나 돈이 없어서 사랑스런 딸이 미대에 가고 싶어 해도 미술학원을 못 보내는 서민의 한탄이 "거의 비슷한 자연인들의 울부짖음"으로 들렸다. 이와 같은 필자의 교차경험들(cross-experiences)은 수십 번이 넘는다. 부자도 빈자도 크게 다르지 않았다.

그렇다면 일반인들이 왜 부자를 곡해하고 있을까? 이 책을 읽는 독자가 만약 부자가 아니라면 "지난 3개월 동안에 부자를 몇 명이나 만나셨습니까?" 더 나가서, "지난 한 달 동안에" 조금 더 나가서 "지난 일주일 사이에" 얼마나 많이 만났는가, 라는 질문을 하고 싶다.

일반인들은 일 년에 부자가 아닌 사람들을 적어도 수백 명 만나는데, 반면에 매년 실제로 만나는 부자는 몇 명이 안 된다. 일반인들이 부자와 마주 앉아서 아주 진하게 서너 시간씩 이야기할 수 있는 기회도 거의 없다. 부자와의 의사소통 결핍(lack of communication)이 부자에 대한 일반인들의 이해부족의 근원이다. 부자를 잘 모르는 상태에서 내가 가고 싶은 곳에 먼저 가 있는 부자를 평한다. 부자를 잘 알지 못하면서 칼국수집에서, 찜질방에서, 자동차 안에서 욕을 한다. 일반인들이 스스로 쌓은 편견의 담이 너무 높은 것이다.

부자를 나의 관점에서만 이해하는 것은 바람직하지 않다. 내가 보기에는 돈만 아는 것 같고, 이상한 것처럼 보이고, 돈이 그렇게 많으면서도 소금보다 더 짠 것 같고, 바람둥이라고 소문이 나 있고, 도덕적으로 문제가 있는 것으로 알려진 부자들이 현실에서도 실제로 얼마나 그러한지는 그들과 오래, 깊이 사귀어보면 제대로 판단할 수 있다. 이해가 적은 상태에서 너무 속단하지 말아야 한다. 부자는 부자고, 나는 나다. 부자도 여러 가지이므로, 나도 여러 가지로 생각하고 행동해야 한다.

부자가 되고 싶다면 그들의 성취욕구를 이해하라

부자의 돈을 보고 달려드는 사람은 돈을 더 이상 받을 수 없다고 판단하면 부자에게서 떠날 마음의 준비를 한다. 부자는 이 냄새를 기가 막히게 맡는다. 부자의 돈이 아니라, 부자 자신을 보고서 친해지려고 노력하라. 부자는 그냥 부자다. 부자가 행동하는 것을 그대로 이해하도록 노력하여야 진짜로 부자와 친해진다.

부자는 자신의 돈이 사람들을 끌어들이는 유혹의 타깃이라는 것을 잘 안다. 부자는 접근하는 낯선 일반인들에게 의심의 벽을 태생적으로 쌓는다. 부자는 상대방이 자신의 돈을 보고 흥미를 느끼는지 아니면 자기 자신에게 흥미를 느끼는지를 구분하려고 세밀하게 행동한다. 처음 본 부자가 손만 내밀고 명함을 안 줄 때 급하게 명함을 받으려고 하면 부자는 바로 뒤로 물러선다. 악수만 한 부자에게 핸드폰번호를 요청하면 바로 단절이다. 처음 만난 부자와 수년에 걸쳐서 십여 차례의 아주 자연스러운 접촉의 기회가 올 때마다 한 계단씩 인간관계를 쌓아 가야한다. 덤비면 바로 부러진다.

부자는 부모로부터 재산을 물려받았든 혹은 자수성가해서 벌었든 간에 돈과 성취감의 양면관계(bi-lateral relationship)를 너무나 잘 알고 있다. 돈이 있으면 성취를 하는 것이 원활하고, 성취를 하고 나면 다시 돈이 따라온다.

성취감을 달성하기 위해서는 많은 돈이 들어간다. 금전적인 뒷받침이 전혀 없이 '놀랄 만한 업적(path-breaking achievement)'을 내는 경우는 거의 없다. 자신의 돈이든, 가족의 돈이든, 사회에서 지원받은 돈이든 간에 '금전후견력'이 성취를 이룩하는 요소 중 중요한 한 가지이다. 국내 정상급 음악대학에 들어가려면 막강한 재력이 필요하다. 바이올린은 매년 7명 정도 뽑는 데 비해, 하프는 4년에 단 한명을 뽑는다. 하프의 가격이 억대를 넘는 것은 보통이고, 그냥 한 번 운반하는 데에만 수십만 원이 들어간다. 딸이 훌륭한 하피스트라는 칭송을 사회적으로 받고, 자신의 잠재력도 발휘해서 개인적인 성취감을 이룩하는 데는 두 가지 요소가 필요하다. 아빠의 돈과 엄마의 극성이다.

돈이 없으면 사회적으로 체면을 살릴 수 없다는 것을 너무나 잘 아는 부자들이 가장 원하는 것은 무엇일까? 그것은 더 큰 성취감을 맛보기 위해서 돈을 더 벌어야겠다는 사고이다. 돈은 개인이 일을 할 수 있게 하고, 일을 하다보면서 돈을 더 벌고 그리고 더 높은 차원의 성취감을 맛보는 사람이 부자이다. 이러한 일련의 사태들을 느끼면서 부자는 돈의 선순환(善循環) 고리를 계속 만들어가려고 노력한다.

부자가 되고 싶으면 우리 주위의 가장 좋은 모델인 현재의 부자들과 친해져야 한다. 그들의 말투를 이해하고, 그들의 씀씀이를 관찰하고, 그들의 사업방식을 분석하고, 그들의 투자성향을 파악하는 것이 부자가 되는 좋은 방법 중 하나이다. 과거에 이러한 일들을 하여서 자신감을 미리 맛본 부자들의 성취감을 약간 칭찬해주면 그들의 눈이 활짝 뜨이면서 당신을 그들의 터울로 이끌어 들인다.

좋은 부자들은 왜 일벌레인가

빌 게이츠는 창업 초기 피자와 콜라로 끼니를 때우면서 일하기 일쑤였다. 잠도 회사에서 해결했다. 새벽 6시부터 밤 10시까지 하루 16시간 넘게 일에만 매달렸다. 게이츠는 아침에 일어나 컴퓨터 프로그램을 만들다가 피자를 먹으면서 몰래 영화를 보고, 그러다가 다시 프로그램을 만들다가 의자에 앉은 채 잠이 들기도 했다. 게이츠는 결혼을 해서 가정을 꾸린 후에야 밤새는 버릇을 고쳤다고 한다.

워렌 버핏도 일 중독자이기는 마찬가지다. 버핏의 투자 회사인 버크셔 해서웨이의 한 중역은 "그(워렌 버핏)는 돈을 버는 취미를 갖고 있을 뿐이다. 그게 그에게는 휴식이다"라고 말한 적이 있다. 버핏은 투자할 회사를 찾기 위해 신용평가회사 등에서 발간한 두터운 기업 설명서를 처음부터 끝까지 정독한다고 한다. 보통의 인내심이 없고서는 불가능한 일이다.

'20세기 최고의 경영자'로 꼽히는 잭 웰치 전 GE 회장은 대표적인 일벌레 부자다. 가난한 아일랜드 이민자의 집에서 태어났지만 GE에 입사해 최고경영자(CEO)의 자리에 오르면서 부자의 반열에 올랐다. 20년간 GE의 CEO로 일하면서 회사의 매출을 4배 정도 키웠고 연봉은 그에 비례해서 4배가 넘게 올랐다. 웰치는 CEO로 재임하는 동안 비행기 안에서 잠을 자며 여러 공장을 돌아다니는 일정을 끊임없이 소화했다. 틈만 나면 신문과 잡지를 읽으면서 정보를 습득했고 수시로 글을 쓰고 연설을 했다.

앤드류 그로브 전 인텔 회장도 일벌레였다. 그로브는 헝가리 출신의 이민자였지만 미국에서 교육을 받고 세계 최대의 반도체 회사인 인텔의 CEO까지 오른 입지전적인 인물이다. 그로브는 휴양지에서 휴가를 즐기다가도 회사 일이 걱정돼 열 시간 넘게 비행기를 타고 회사로 돌아올 정도였다. 아무리 전날 늦게 퇴근했더라도 오전 8시만 되면 출근을 했다.

왜 좋은 부자들은 일벌레처럼 일에 집착하는가? 부자가 되는 방법은 크게 세 가지가 있다. 행운, 유산, 노력이 그것이다. 그중에 사람의 힘으로 할 수 있는 것은 '노력' 밖에 없다. 그렇다면 좋은 부자들이 일에 집중하는 것은 자명하다. 자신이 할 수 있는 한 최선을 다했을 때에야 부를 이룰 수 있는 것이다. 행운과 유산이 없이 출발한 사람이라면 열심히 노력하지 않고서는 부자가 될 수 없다.

그렇다고 무작정 오래 일을 하는 게 일벌레 부자들의 특징이라고 오해하면 안 된다. 겉으로 보이는 것은 오랜 시간 일을 한 것이지만 내면을 보면 부자들은 자신이 즐기는 일을 했기 때문에 오랜 시간 일을 한 것이다. 워렌 버핏은 자신이 일을 하는 스타일에 대해 다음과 같이 설명한 적이 있다. "저는 가벼운 발걸음으로 일터에 나가 열심히 일하다가 가끔씩 의자에 등을 기댄 채 천장을 바라보며 그림을 그리곤 합니다. 이것이 제가 행복을 느끼는 방식입니다." 그러면서 버핏은 하고 싶지 않은 일을 하면서 인생을 낭비하지 말라고 충고했다. '진짜 하고 싶은 일은 아니지만 어쨌든 한 10년만 버텨야지. 하다보면 이력이 나겠지' 라는 태도는 옳지 않다는 것이다. 빌 게이츠도 "나의 직업이 세상에서 가장 좋다"라며 그 이유로 "돈을 많이 버는 것보다는 일을 하면서 도전한다는 느낌을 가질 수 있고 흥미를 발견할 수 있기 때문"이라고 말한 적이 있다.

부자라면 효율적으로 일을 하는 게 우선이다. 효율적으로 일을 했더라도 자신이 좋아하는 일을 했기 때문에 일하는 시간이 길었다고 이해하는 게 일벌레 부자의 성격을 옳게 이해하는 것이다.

03

좋은 부자들은 왜 정보광인가

부동산 투자로 200억 원을 벌었다고 해서 화제가 된 가수 방미 씨를 한 모임에서 만난 적이 있다. 한미 자유무역협정(FTA)과 무(無)비자 시대를 미리 준비하기 위해 미국으로 들어가는 방미 씨를 환송하는 자리였다. 방미 씨는 "미국에선 한국어로 된 책을 사기 어렵다"라며 주변에서 꼭 읽어야 하는 책들의 추천을 받았다. 그런데 그녀가 읽는 책들은 재테크 서적이 아니라 경제의 큰 흐름을 파악할 수 있는 책들이었다.

굳이 방미 씨의 사례를 들지 않더라도 한국에서 역시 정보에 대한 부자들의 집착은 유별나다. 정보가 곧 돈인 시대이기 때문이다. '네이버'나 'MP3 플레이어'와 같은 지식과 정보를 이용한 상품을 개발하는 게 현금 수입의 원천으로 바뀌었다. '사 두면 오르겠지'라는 식

의 '묻지 마' 투자의 비중은 줄어들고, 부동산 투자도 정보와 분석을
바탕으로 하는 방향으로 바뀌고 있다. 또 주식과 펀드와 같이 지식과
정보를 바탕으로 하는 재테크 방식의 비중이 늘어나고 있다.

세계적인 부자들도 마찬가지로 정보광이다. 정보광은 좋은 부자가
되기 위한 필요조건이다. 빌 게이츠는 미국 시애틀에 있는 자신의 집
에 책 1만4,000여 권을 소장하는 개인 도서관을 가지고 있을 정도의
정보광이다. 게이츠는 회사 일의 방해를 받지 않고 책을 읽기 위해
정기적으로 '생각 주간(think week)'이라는 시간을 갖는다. 생각 주
간에는 휴가를 내고 산장에 들어가 외부 사람과 접촉을 끊고 새로운
지식을 습득하는 시간을 보낸다. 컴퓨터 공학의 최신 동향을 점검할
수 있는 박사 학위 논문들도 이 시간에 읽는다.

워렌 버핏은 하루의 3분의 1을 각종 책과 투자 관련 자료, 잡지, 신
문을 읽는 데 보낸다. 주식 투자의 대가인 버핏은 어렸을 때부터 주식
에 관한 한 유명한 정보광이었다. 그는 여덟 살부터 주식 중개인이었
던 아버지가 집에 가져온 주식시장 관련 책을 읽기 시작했다. 열한 살
때는 직접 주식을 사기 시작했다. 친구들이 운동장에서 뛰어놀 때 버
핏은 경제 신문인 '월스트리트저널'을 읽고 연구했다. 고등학교 때는
교사들이 그에게 어떤 종목을 사야할지 물어볼 정도였다고 한다.

동아시아 최고의 부자인 리카싱도 유명한 독서광이다. 리카싱은
대대로 유학자(儒學者) 집안에서 태어났다. 때문에 서너 살부터 한시
(漢詩)를 외우고 책을 읽는 습관을 들였다. 이 습관이 리카싱을 책벌

레로 만들었다. 리카싱은 청소년기에 집안이 어려워 중학교를 중퇴했지만 지금도 매일 잠자리에 들기 전에 30분 이상 책을 읽는다고 한다. 주로 읽는 책은 역사, 경제, 철학과 관련된 책이고 소설이나 무협지 같은 흥미 위주의 책은 읽지 않는다고 한다.

뉴욕타임스는 최근 'CEO의 개인 도서관은 성공의 열쇠를 보여준다' 라는 기사에서 애플의 CEO 스티브 잡스, 유명 광고 회사 오길비의 회장 셸리 라자러스, 나이키의 창업자 필 나이트 등의 개인 도서관을 소개했다. 그들의 개인 도서관은 문학, 철학 등 다양한 분야의 서적들로 가득 차 있었다. 라자러스는 인터뷰에서 "글로벌 회사의 수장으로서 다양한 문화와 나라들, 그리고 여러 가지 문제를 다룬 책을 읽는 게 흥미로울 수밖에 없다. 나는 다양한 관점의 책을 읽으면서 사고를 훈련하고 문제를 해결하는 방법을 익힌다"라고 말했다.

좋은 부자들은 책과 같은 정보원(源)에서 사업의 아이디어를 얻고 각종 문제를 해결하는 단초를 얻는다. 이는 현대 사회에 와서 부자가 되는 길이 정보를 바탕으로 하는 방향으로 변하고 있는 것과 연관이 있다. 조상에게서 물려받은 땅에서 나오는 지대를 가지고 부자가 되는 사회에서는 정보광인 부자가 성공하는 것을 상상하기 어려울 것이다.

좋은 부자들이 말하는 절약의 가치

한국에는 '자린고비' 설화가 있다. 여러 가지 변형된 이야기가 있지만 구전으로 가장 많이 퍼져 있는 설화는 아마도 자반고등어 한 마리를 천장에 매달아 놓고 식구들에게 밥 한 숟가락 먹고 반찬 대신 고등어를 한 번 쳐다보게 했다는 이야기일 것이다. 인색한 부자를 꼬집을 때 사용하기도 하지만 부자가 되기 위해서는 근검절약을 해야 한다는 교훈적인 이야기로 해석되기도 한다.

드라마에서는 부자들이 명품 브랜드로 온몸을 치장하고 있는 것으로 묘사되고 호화스러운 주택과 파티가 부자들이 활동하는 주 무대로 등장한다. 하지만 세계적으로 존경받는 부자들은 거꾸로 절약의 가치를 강조하는 경우가 많다.

한 예로, 지난 2007년 10월 한국을 방문했던 워렌 버핏의 사례를 들 수 있다. 자신이 2006년 5월 투자한 IMC그룹의 자회사인 대구텍을 방문하기 위해서였다. 한국에 머무른 시간은 6시간 남짓이었지만 버핏이 절약을 생활화했던 모습을 직접 확인할 수 있는 기회였다. 당시 전용기로 도착한 버핏은 비행기 도착 10분이 지나서야 출국장에 모습을 나타냈다. 본인이 직접 짐을 찾겠다며 짐이 나오길 기다렸기 때문이었다. 기자회견이 끝난 뒤에는 고급스러운 뷔페 음식이 차려져 있었음에도 불구하고 간단히 햄버거와 콜라로 점심을 때웠다. 버핏의 양복은 빛이 바래 있는데다가 구겨질 대로 구겨져 있었고 구두 굽도 심하게 닳아 당장 수선을 맡겨야 할 수준이었다.

한국의 대표적인 부자였던 고(故) 정주영 현대그룹 명예회장의 절약 정신도 유명하다. 그는 자서전 『시련은 있어도 실패는 없다』에서 "근면과 검약이 곧 자본"이라고 했다. 젊은 시절 그는 신발이 닳는 것을 늦추려고 징을 박아 다녔고 양복도 춘추복으로 한 벌을 맞추고 겨울에는 내복을 입어 추위를 견뎠다고 한다.

하지만 요즘 사람들에게는 절약의 가치를 강조하는 것처럼 구태의연한 말이 없을 것이다. 먹고 살기도 빠듯한데 뭘 더 줄이냐고 반문할 사람도 많을 것 같다. 하지만 절약이야말로 부자가 되는 데 가장 기본적인 습관이다. 종자돈을 마련하기 위해서는 수입을 늘리고 지출을 줄이는 수밖에 없다. 지출을 줄이기 위해서는 절약 외에는 뾰족한 수가 없다.

하지만 부자들이 이야기하는 절약 정신은 무조건 자린고비처럼 인색하게 살라는 말은 아니다. 실제로 부자들의 생활은 보통 사람들이 보기에 검소하다고 말하기 어렵다. 워렌 버핏이 30년 전에 3만 1,500달러에 구입한 집에서 여전히 살고 있지만 그도 한때는 캘리포니아의 부자들 휴양지인 라구나 해변에 별장을 가지고 있었다.

샘 월튼은 세계 최대의 소매유통회사인 월마트를 창업한 사람이다. 월마트 본사가 있는 아칸소 주 벤튼빌에는 월마트 방문 센터도 자리 잡고 있다. 월마트 방문 센터에 보관돼 있는 월튼의 1톤짜리 픽업트럭은 그의 절약 정신을 집약적으로 보여주고 있다. 직접 방문해서 살펴보니 '과연 이 트럭을 세계 최대 유통회사의 총수가 타던 전용차라고 생각할 수 있을까' 라는 생각이 들 정도였다. 붉은 색 픽업트럭 좌우엔 긁힌 자국이 그대로 남아 있었다. 차를 운행하는 데 문제가 없다면 긁힌 자리는 수선할 필요가 없다는 것이다. 앞자리 시트는 가죽이 아닌 천이었다. 운전하는 데 불편함이 없다면 가죽 시트를 위해 돈을 쓸 필요가 없다는 뜻이리라. 1979년 형 포드 트럭이었는데 1992년 그가 세상을 떠날 때까지 13년을 사용했다. 월튼은 집 주변을 돌아다니거나 인근 매장을 둘러 볼 때 월마트 로고가 새겨진 야구 모자를 쓰고 개 한 마리를 옆 좌석에 앉히고 다녔다. 전형적인 시골 할아버지의 모습이었다. 그는 픽업트럭을 몰고 다닌 이유에 대해 생전에 "롤스로이스 같은 고급 승용차에 개를 데리고 다닐 수는 없기 때문이지요"라고 우스갯소리로 말하기도 했다. 월튼은 먼 거리에 있는 매장을 점검하러 다닐 때는 비행기도 항상 일등석이나 비즈니스

석이 아닌 일반석을 이용했다. 월튼은 머리를 깎을 때도 동네 이발소를 이용했고 출장을 갈 때도 호텔급보다 등급이 낮은 저렴한 모텔급을 이용했다.

월튼이 다른 갑부들과는 달리 특히 절약의 가치를 강조한 것은 비용 절감의 정신이 자신의 유통 사업과 직접적으로 연관되기 때문이었다. 월마트는 '항상 최저가격을 보장한다(Every Day Low Price)'라는 모토를 내걸고 있다. 어떻게든 비용을 줄여서 고객에게 싼 물건을 제공한다는 게 기업의 이념이니 기업의 총수부터 절약을 실천하는 모습을 보인 것이다.

월튼은 절약 정신을 부모에게서 배웠다고 자서전에서 소개하고 있다. 그의 부모들은 절약하지 않고서는 살 수 없었던 1930년대 미국의 대공황을 거치면서 절약 습관이 몸에 밴 사람들이다. 월튼은 어려서부터 절약을 금과옥조로 삼았다. 월튼은 자서전에서 "나는 돈에 대한 부모님의 태도를 전적으로 공유했다. 두 분은 아예 돈을 쓰지 않았다"라고 적었다.

월튼은 자녀에게도 절약의 가치를 물려주려고 노력했다. 그는 자녀들이 가게에 나와서 일하게 하면서 그에 대한 대가로 용돈을 줬지만 용돈 액수는 자녀의 친구들이 받는 것보다 적었다. 월튼은 40대에 이미 개인으로서는 미국 최대의 소매 체인을 소유한 사업가였지만 자녀들은 사치를 하지 않으면서 자라도록 했다. 또 자녀들은 아버지가 픽업트럭을 타고 다니는 등 손수 비용을 아끼려는 노력을 하는 것을 직접 보면서 절약 정신을 배웠다. 실제로 셋째 아들 짐 월튼과 막내딸 앨리스 월튼은 현재도 승용차 대신 픽업트럭을 몰고 다닌다.

큰아들 롭 월튼의 금고형 사무실은 아버지의 정신을 이어받은 것으로 유명하다. 현재 월마트의 회장인 롭 월튼의 사무실은 가로 10피트, 세로 10피트의 정사각형 모양이다. 큰 책상 하나 들어가면 사무실이 꽉 찰 정도의 크기다. 면적이 적을 뿐만 아니라 출입문 외에는 사방이 막혀 있고 창문도 없다. 원래 월마트 회사 간부의 사무실 크기는 다른 회사에 비해 작지만 회장실은 간부들의 사무실 중에서도 가장 작다.

샘 월튼이 몸소 행동을 통해 절약의 정신을 자녀들에게 가르치려고 한 까닭은 무엇일까? 그는 자녀들이 막대한 재산을 물려받고 빈둥거리는 '유한계급(Idle Rich)' 이 되는 것을 바라지 않았기 때문이다. 절약을 통해서 돈의 가치를 소중하게 여기는 자녀들로 키우고자 했던 것이다.

존경받는 부자들이 이야기하는 절약 정신은 '쓸데없는 데 돈을 쓰지 말라' 는 것이다. 다시 말하자면, 필요한 곳에만 돈을 쓰는 게 부자들의 절약 정신이다. 다시 월튼의 예로 돌아가 보자. 그는 세계 최대의 유통 회사인 월마트를 창업해서 키웠다. 월마트는 창업주인 월튼의 철학에 따라 '마른 수건도 쥐어 짠다' 라는 식으로 비용 절감을 하는 회사이다. 하지만 유통업체 중에서는 가장 먼저 위성 시스템을 이용해서 물류 운송 트럭의 위치를 파악하고 재고를 관리하는 체제를

도입했다. 필요한 곳에는 돈을 쓰는 데 인색하지 않다는 것이다. 월
튼의 개인 자가용 비행기도 마찬가지로 해석할 수 있다. 그는 절약의
가치를 강조했지만 보통 사람이 보기엔 사치품인 개인 자가용 비행
기를 가지고 있었다. 비행기로 30분 걸리는 거리를 차로 몇 시간 달
리기엔 시간이 너무 아까웠기 때문이다. 대신 그는 조종사를 따로 두
는 게 아까워 스스로 비행기 조종을 배워 혼자 자가용 비행기를 몰고
다녔다.

05

부자에 대한 올바른 이해가
부자 되는 지름길

'부자는 나쁜 방법으로 돈을 벌었을 것이다' '부자들은 돈을 과시할 줄만 안다' 라는 게 현재 한국을 살아가는 보통 사람들의 대표적인 부자관이라고 할 수 있다. 심지어 비즈니스 리더들 중에도 그렇게 생각하는 사람들이 많다. 2007년 7월 한국의 경제 잡지인 이코노미스트가 대기업 임원과 과장급 이상 간부 900여 명을 대상으로 조사한 결과에 따르면, '부자' 하면 떠오르는 단어가 고급 승용차, 특권층, 명품, 부동산 투기, 골프, 노블리스 오블리주 순이었다. 즉, "고급 승용차를 타는 특권층으로 명품과 골프를 즐기지만 부동산 투기를 하는 등 노블리스 오블리주와는 거리가 있는 사람들"이란 이미지를 갖고 있는 것이다. 부자들은 재산 형성 과정이 투명하지 않다는 데 89.4%가 "그렇다"라고 대답했고, 부의 사회환원이 충분하지 않다는 데에도 89.3%가 동의했다. 특히 부자에 대한 반감, 즉 반(反)부자 정서가 존재한다는 데 절대 다수인 91.3%가 동의했다.

미국의 조사회사인 퓨(Pew) 리서치가 조사한 결과에 따르면 중산층의 42%는 부자가 노력, 열정, 교육으로 부자가 되었다고 생각한다고 대답했지만, 47%는 연줄이나 상속으로 부자가 됐다고 생각한다고 대답했다. 반면 부자들의 56%는 부자가 노력, 열정, 교육으로 부자가 됐다고 생각한다고 대답했다. 하류층에서는 그 비율이 고작 32%에 불과했다.

19세기 미국에서도 부자들을 '도둑 귀족(robber baron)'으로 부를 정도로 반(反)부자 정서가 강했다. 하지만 자본주의 역사가 발전하면서 부자들이 기부 등을 통해 부를 사회에 환원하고 사회에 기여하는 바가 높다는 사실이 밝혀지면서 반부자 정서는 점차 사그라졌다.

우리나라에서는 정치적 혼란으로 인해 부자들이 과도하게 부정적인 인식을 받게 되는 희생양이 됐다는 주장도 있다. 고(故) 정주영 현대그룹 명예회장이 자서전 『시련은 있어도 실패는 없다』에서 주장한 내용이다. "정치적 혼란이 일어날 때마다 못사는 사람들을 위로하거나 혹은 국민들의 관심을 다른 곳으로 유도하기 위해, 또는 정권 스스로의 취약점을 은폐하기 위해서 애꿎은 기업인에게 죄명을 씌워 잡아넣는 일의 되풀이 때문에 그때마다 기업인들은 크든 작든 피해를 입었다. 국민의 시각 오도로 말한다면 계산할 수 없는 막대한 손상을 입어왔다." 정 명예회장의 말이다. 그도 인플레이션을 악용하거나 투기와 특권, 합병과 편법, 사채놀이로 부를 이룬 졸부가 있다는 사실을 부인하지는 않았다. 하지만 부자들이 모두 부정한 방법으로 돈을 벌었다고 하는 것은 너무 지나친 편견이라는 이야기이다.

부자들이 정당하게 돈을 벌었느냐는 사실 여부를 떠나서 중요한 것은 자녀들에게 반부자 정서를 물려주는 게 좋으냐는 것이다. 이와 관련해서 미국의 싱크탱크인 전미경제연구소(NBER)의 보고서 중에서 세대간 부의 상관관계에 대해 연구한 결과가 있다. 연구자들은 부모와 자녀 1,491쌍을 대상으로 조사를 했다. 그 결과 부모 세대와 자녀 세대의 부유함에는 양(+)의 상관관계가 있다고 발표했다. 수치로 따지면 0.37이라는 상관계수를 갖는다는 것이다. 부모가 남들보다 100만큼 부유하다면 자녀들은 37만큼 부유할 가능성이 있다는 것이다. 유산을 받기 때문에 당연히 그렇다고 많은 사람이 생각할 수도 있지만 이 연구 결과는 유산을 받기 전을 대상으로 했다. 이 연구에서 두 세대간의 영향력을 결정하는 데 있어서 평생 소득이나 어떤 자산을 소유하고 있는지 여부가 전체의 3분의 2를 설명했다. 통상적으로 부가 세대간에 이전되는 데 중요하다고 생각하는 교육, 증여, 상속 예정액 등의 영향력은 적은 것으로 분석됐다. 연구자들은 부모와 자녀 세대가 위험을 대하는 태도가 비슷하고 자녀들이 부모의 투자 패턴을 모방하기 때문이라는 결론을 내렸다. 또 무엇을 선호하는지 등에 대한 태도를 상속받는다는 것이다. 부모가 저축을 선호한다면 자녀도 저축을 선호할 가능성이 높다는 이야기이다.

이 연구 결과를 확대해서 해석한다면 부모가 부자에 대해 가진 태도가 자녀들에게 어떤 영향을 끼칠지 가늠해볼 수 있다. '부자들은 다 사기꾼이다'라고 배운 아이들과 '부자들은 열심히 노력해서 돈을 번 사람들이다'라고 배운 아이들이 나중에 성인이 돼서 돈에 대해 어떤 태도를 가지게 될 것인지는 쉽게 상상해볼 수 있다.

HSBC은행이 국내 중학생 200명을 대상으로 2007년 말 진행한 조사 결과에 따르면 '부자가 되고 싶다'라고 답한 비율이 75.5%였다. 특히 서초구, 강남구, 송파구 등 강남 지역 학생들의 92%가 '향후 부자가 될 것이다'라고 답했다. 그러나 저축을 거의 안하거나 전혀 안 하고 있는 학생의 비율이 무려 51.5%나 됐다. 부자에 대한 열망은 크지만 정작 어떻게 하면 부자가 될 수 있는지 모르는 학생들이 많았다고 할 수 있는 부분이다. 부자가 되고자 하는 열정만 있고 부자가 되는 방법을 모른다면 성인이 돼서 부자가 되기 위해 '대박'을 노릴 가능성이 매우 높아진다.

한 어린이 경제 캠프에서 있었던 일을 전해들은 적이 있다. 캠프에선 일정한 상황을 설정해주고 어린이들이 직접 연기를 통해 해결책을 찾는 경제 상황극을 만들도록 했다. 한번은 아이들에게, 아버지가 직업이 없어 돈 많은 할아버지가 도움을 주고 있었는데, 할아버지가 아버지에게 "내일까지 가족을 먹여 살릴 방법을 찾아오지 않으면 더 이상 생활비를 주지 않겠다"라고 선언한 상황을 제시했다. 아이들이 제시한 여러 가지 해결책 중에는 충격적인 내용이 있었다. 유산을 받고 보험금도 타내기 위해 할아버지를 청부살인한다는 내용을 아이들이 연극으로 만든 것이다. 더욱 충격적인 것은 다른 아이들이 이 연극이 제일 재미있었다며 '베스트 연극'에 선정했다는 사실이다.

매일같이 집에서 돈 많은 사람들은 부정한 방법을 사용해서 부자가 됐다는 이야기를 들었던 아이들이 정당하지 않은 방법으로 부자가 되는 방법에 박수를 보내는 것은 어찌 보면 당연한 이야기일지도 모른다. 필자가 알고 지내는 선배 중에 한 선배는 명문대 법대를 나온 분이었지만 우리나라를 식민지로 만들었던 나라의 언어라며 일본어를 배우지 않는 분이 있었다. 그분 생각도 이해할 만은 하지만 세상을 살아가는 '실용'의 입장에서 본다면 시대에 뒤떨어진 게 아닌가 하는 생각이 들었다. 부자도 마찬가지이다. 주위를 살펴보면 반부자 정서로 무장한 사람들이 많다. 그러나 그들의 자녀 세대는 부자가 되기를 열망하는 세대이다. 정당하게 부자가 되는 방법과 좋은 부자들의 행동 방식을 가르치지 않는다면 자녀의 미래를 망쳐버릴지도 모르는 일이다.

좋은 부자와 나쁜 부자를 구분하는 것은 개념적인 이야기이다. 실제 부자들은 좋은 면과 나쁜 면을 모두 가지고 있는 것이 보통이다. 하지만 이렇게 개념적으로 나눠보면 부자들 전체를 뭉뚱그려 '나쁜 집단'으로 묘사하면서 생길 수 있는 많은 오류를 피할 수 있다. 부자들의 이야기만 나오면 그저 눈을 감는 것보다는 좋은 부자들은 어떻게 자녀들을 가르쳤는지 살펴보는 게 실제 자녀들의 미래를 열어주는 데 도움이 된다.

상속을 잘해야
오랫동안 부자 집안이 될 수 있다

부자들이 돈을 현명하게 쓴다고 할 때 가장 크게 염려하는 게 상속의 문제이다. 상속이야 말로 인생에 있어서 가장 많은 돈을 써야 할 때이다. 또한 재산을 상속한 이후에 발생하는 리스크는 부자 스스로 관리할 수 없다. 그러니 당연히 고민이 많아질 수밖에 없다.

한국에서 상속을 고민하는 부자들은 어떻게든 많은 재산을 자녀에게 물려주는 방법을 주로 고민한다. 그래서 부자들의 재산 관리를 도와주는 은행이나 증권사의 프라이빗 뱅커(PB)들은 상속세와 같은 세금 문제에 정통해야 많은 고객을 확보할 수 있다고 한다.

하지만 이렇게 세금 줄이기에 몰두하는 경향은 좋은 부자가 많은 미국에서 볼 때는 한 차원 낮은 고민이다. 미국의 부자들 사이에서는 최근 PB들에게 '재산'이 아니라 '삶의 경험'과 '삶의 가치'를 상속하는 방법에 대해 문의하는 경우가 많다고 한다.

뉴욕타임스에서 발간하는 주간지인 뉴욕타임스매거진은 2008년 1월 7일 '부잣집 아이 증후군(Rich Kid Syndrome)'이라는 기사에서 "많은 미국 부자들이 재산이 아니라 자신이 쌓아온 삶의 가치를 물려주느라 고민하고 있다"며 다양한 사례를 소개했다. 미국 부자들이 빠진 딜레마는 '부자가 되기 위해서는 열심히 노력해야 하는데 부잣집에서 자라다 보면 열심히 노력하는 방법을 배울 수가 없다'라는 것이다. 자수성가한 부자들은 부자가 되기 위해서는 열심히 노력하는 것이 중요하다는 사실을 잘 알고 있다. 부자가 되는 과정의 체험 속에서 노력의 중요성을 알게 됐기 때문이다. 하지만 유산을 받아 부자가 된다면 피상적으로밖에 알 수 없기 때문에 문제가 되는 것이다.

2007년 U.S.트러스트가 투자 재산이 500만 달러(약 50억 원) 이상인 부자들을 조사했더니 고작 20%만 유산을 물려받은 사람들이었다. U.S.트러스트는 글로벌 2위 은행인 뱅크오브아메리카의 부자 자산 관리 부문이다. 자수성가한 부자가 많고 유산을 물려받은 부자가 적은 미국에서는 당연히 자수성가한 부자들이 자신이 부자가 됐던 방법을 물려주는 데 관심이 많을 수밖에 없다.

그렇다면 평생 노력을 할 기회가 없는 부잣집 아이들에게 노력을 해야 한다는 의식을 심어 주는 방법은 무엇이 있을까? 미국 부자들은 아이들에게 집안일을 돕게 하고 용돈 범위 내에서 소비를 하게 하는 등 기초적으로 돈을 벌고 재산을 관리하는 방법을 가정에서 가르친다. 유산을 남길 때에는 조건을 다는 경우도 많다. 예컨대 신탁을 해놓고 35살이 되기 이전에는 접근도 하지 못하게 하는 경우도 있다. 실제 2007년 부자 자산 관리 업체인 PNC 파이낸셜 서비스에서 50만 달러 이상의 재산을 가진 부자를 대상으로 조사한 결과 30%는 후손이 재산을 물려받기 위해서 제한된 조건을 달성해야 했다. 14%는 어떻게 유산을 사용해야 하는지까지 제한을 뒀다.

아예 생활에 필요한 이상으로 유산을 남기지 않는 경우도 많다. 2008년 경제 잡지 포브스 선정 세계 최고의 갑부인 워렌 버핏은 다음과 같이 말한 적이 있다. "나는 아이들이 '(먹고 살기 위해) 일을 해야겠다' 라고 생각할 정도의 재산만 물려 줄 것이다. '일을 할 필요가 없겠다' 라고 생각할 정도의 많은 재산은 물려주지 않겠다." 버핏은 실제로 2006년에 재산의 85%를 자선재단에 기부하겠다고 공개적으로 발표했다.

빌 게이츠도 자녀들에게 각각 1,000만 달러(약 100억 원)를 남겨주고 나머지 재산은 모두 사회에 환원하겠다고 공개적으로 선언했다. 1,000만 달러는 2008년 현재 580억 달러에 달하는 그의 재산의 0.017%에 불과한 돈이다.

과거의 사례도 있다. 19세기의 철강왕 카네기는 "부자로 죽는 것은 부끄러운 일이다"라고 말했다. 카네기는 죽기 8년 전인 1911년 3억 5,000만 달러로 '카네기 재단' 을 설립했다. 당시로서는 천문학적인 돈이었다. 그가 지어 사회에 헌납한 도서관만 2,500여 개에 달한다.

미국 부자들이 재산을 사회에 환원해서 자선에 나서는 이유가 단순히 마음이 착한 부자이기 때문이라고 생각하면 순진한 생각이다. 부자들은 돈을 효율적으로 사용하고 싶어 한다. 자녀에게 막대한 유산을 물려 줬을 때 자녀들의 창의성이 사라지고 게으른 삶을 살게 된다면 돈을 비효율적으로 사용하는 것이 되고 만다. 차라리 자선 사업을 통해서 미래의 부자를 길러내는 것이 효율적인 사용이라는 게 미국의 좋은 부자들의 생각이다. 기업가에게는 주머니에 든 1달러가 열심히 노력하고 창의적으로 생각하게 하는 밑천이 되지만, 유산 상속을 받은 사람에게 1달러는 게으름의 원천이 된다는 것이다.

미국의 좋은 부자들이 재산의 일부만 상속하는 것은 부자가 되는 법을 상속해 주기 위해서이다. 체험을 통해 부자가 되는 법을 가르치는 것이다. 미국의 현대적인 부자들이 어떻게 부자가 되는 법을 상속하고 있는지 사례를 통해서 알아보자.

우선 뉴욕타임스매거진이 소개한 피트 피터슨의 이야기를 살펴보자. 피트 피터슨은 블랙스톤 그룹의 공동 창업자 중 한 명이다. 블랙스톤 그룹은 1985년 40만 달러로 시작해 2008년 현재 980억 달러의 자산을 관리하는 세계적인 투자 그룹으로 성장했다. 피터슨의 재산은 2008년 현재 25억 달러(2,500억 원)에 달하는 것으로 추정된다.

피터슨의 딸인 홀리 피터슨은 뉴욕타임스와의 인터뷰에서 "부자 아빠가 아파트를 사주고 최고급 레스토랑을 다니면서 명품 옷을 살 돈을 대준다고 생각할지 모르지만 아버지는 전혀 그렇지 않았다"라고 말했다. 홀리는 대학을 졸업한 후에 ABC 방송국에서 연봉 3만 2,000달러를 받는 조사원으로 사회생활을 시작했다. "아버지가 충분한 도움을 주지 않았기 때문에 내 스스로 돈을 벌지 않고서는 살 수가 없었다"라는 게 그녀의 말이다. 홀리는 20대 때 아버지에게 생활비를 더 달라고 했다. "30초면 내가 요구하는 돈을 펀드 운영으로 벌지 않느냐"라며 따졌다. 그랬더니 아버지 피트는 "지금은 네가 이해 못할 줄 알고 있다. 하지만 나는 '자립의 가치'가 너에게 줄 가장 큰 선물이라고 생각한다"라고 말했다. 20년이 지나 40대가 된 홀리는 뉴욕타임스매거진과 인터뷰에서 "정말 인정하기 싫지만 나이가 드니 아버지의 말이 옳았다는 걸 인정할 수밖에 없다"라고 말했다. 홀리는 현재 잘 나가는 언론인이며 책을 저술하는 활동도 하고 있다.

뉴욕타임스가 2008년 3월 18일 기사에서 소개한 마틴 로덴버그의 스토리도 최근 미국 부자들의 경향을 잘 나타내는 사례이다. 그는 뉴욕타임스와의 인터뷰에서 "나는 내가 죽는 날 내 은행 계좌에 돈을 한 푼도 안 남기는 게 목표다"라고 말했다. 최근 로덴버그는 1,000만 달러에 회사를 팔아 그 절반으로 자선재단을 만들었다. 자선재단의 돈은 세 자녀가 사적으로 손대지 못하지만 운영은 세 자녀에게 맡겼다. 나머지 500만 달러로는 글로탈 엔터프라이즈란 회사를 시작했다. 이 회사는 청각 장애인들의 보조 도구를 만드는 회사로 수익을 내지 않는 것을 목표로 하고 있다. 로덴버그가 자선재단을 자녀들에게 만들어 준 이유를 들어 보자. "자녀들이 쓸 돈을 물려주는 것보다는 누군가에게 베풀 돈을 물려주는 게 좋다고 생각했다. 만약에 아이들이 자신이 번 돈으로 기부를 하려면 주저하게 될지도 모른다. 하지만 아버지가 준 돈으로 자선을 하게 되니까 부담 없이 기부를 하게 될 것이다."

PNC 파이낸셜 서비스의 2007년 조사에서 부자의 62%는 "각 세대가 자기 자신의 재산을 형성하는 데 책임을 져야 한다"라고 대답했다. 부모에게 기대서는 안 된다는 말이다. 재산이 아니라 부자 되는 법을 상속하는 게 좋은 부자들의 특징인 것이다.

세계적인 갑부들의 자녀 교육 방법을 살펴보면 그들이 하는 고민 자체는 보통 사람들과 크게 다르지 않았다. 오히려 용돈교육, 절약교육, 투자교육 등을 철저하게 시키고 있어 보통사람들이 벤치마킹할 내용이 많다. 이제는 좋은 부자들의 자녀 교육 방법을 따라할 때이다.

07

좋은 부자 집안은
전원이 절약하여야 한다

좋은 부자들은 왜 자녀들에게 철저한 용돈교육을 시키고 있는 것일까? 갑부들은 굳이 자녀들에게 용돈을 줄 필요까지는 없을 것 같다. '자녀가 필요로 하는 모든 것을 사 줄 수 있는 데 무엇 때문에 용돈을 준다는 말인가' 이렇게 생각할 수도 있다. 한국의 부모들도 이렇게 생각하고 용돈을 주지 않는 경우가 많다. 그러나 이것은 용돈의 의미를 잘 모르고 하는 소리이다. 용돈을 주는 가장 큰 목적은 돈을 관리하는 방법을 가르치는 것이다. 수고했다고 용돈을 주는 게 아니라는 것이다.

좋은 부자들은 자녀들이 헤프지 않게 자라나서 사회에 기여하기를 원한다. 그것을 위해서는 자녀들이 돈의 가치를 알고 돈을 벌고 쓰는 방법을 알아야 한다. 그러나 일을 할 필요가 없는 부잣집 아이들에게 이런 내용을 가르치기는 쉽지 않다. 하물며 평생을 먹고 살 만한 돈을 자녀들에게 물려 줄 수 있는 워렌 버핏이나 빌 게이츠라면 더욱 어려운 과제인 것이다.

그래서 부자들은 고민이 많다. 특히 자수성가한 부자들은 재산이 아니라 자신들이 부자가 됐던 방법을 자녀들에게 물려주고 싶어 한다. 그 고민을 해결하는 방법으로 최근 미국에서는 경제교육을 하거나 유산 사용에 제한을 가하는 것 등이 주로 사용되고 있다.

미국에서는 부잣집 아이를 대상으로 한 교육 프로그램이 최근 들어 늘고 있다고 한다. 부잣집 아이를 대상으로 한 것이라 통상적인 경제 캠프와는 달리 유산을 어떻게 관리해야 할지가 주요한 교육 내용이다. 어릴 적 제대로 된 용돈교육부터 시작했더라면 쉽게 익힐 수 있는 내용들이다.

부잣집 아이를 대상으로 한 특수한 경제 교육이나 유산 상속에 제한을 가하는 것은 외부의 힘을 이용하는 것이다. 좋은 부자들은 내부의 힘을 이용하는 것도 병행하고 있다. 내부의 힘을 이용한다는 것은 가정에서 교육을 철저하게 한다는 것이다. 소위 '밥상머리' 교육이 기본이라는 것이다.

돈의 가치를 가르치기 위한 가정교육은 용돈교육이 기본이 돼야 한다. 워렌 버핏과 빌 게이츠는 자녀들의 삶을 망치지 않기 위해서 재산의 극히 일부만 유산으로 남긴다고 선언했다. 하지만 대부분의 부자들은 재산을 자녀들에게 물려 줄 것이다. 미국의 프린스 앤드 어소시에이츠라는 부자 대상 조사 회사에 따르면 그들이 조사한 백만장자들이 대부분 적어도 75%의 재산을 자녀에게 물려주겠다고 답했다고 한다. 특히 재산이 2,500만 달러 이상인 경우에 그 비율이 더 높았다. 상속보다는 기부를 중시하는 워렌 버핏이나 빌 게이츠가 미국에서도 다수는 아닌 것이다.

유산을 물려준다면 주의해야 할 점이 있다. 돈을 관리할 줄 알도록 가르쳐야 한다는 것이다. 복권과 같은 '대박'은 나쁜 부자의 길로 안내하기 쉽다. 유산도 자녀 입장에서 따지고 보면 대박으로 벼락부자가 되는 길이다. 돈 관리 방법을 제대로 알지 못한다면 복권 당첨자들의 불행처럼 유산상속자들도 불행을 피할 수 없을 것이다.

자식들 입장에서 보면 유산은 하늘에서 뚝 떨어진 돈이 아닐 수 없다. 쉽게 얻으면 쉽게 쓰는 법이다. 쓰다 보면 쉽게 사라지는 게 바로 유산으로 물려받은 돈이다. 또 가족간의 불화의 씨앗이 되기도 한다. 우리 옛말에 '부자가 3대를 가기 어렵다'라는 말이 있다. 미국의 가족 기업 중 창업 후 4대까지 살아남는 비율은 4%에도 못 미친다는 조사 결과도 나와 있다.

그렇기 때문에 좋은 부자들은 재산을 자녀들에게 물려주기 전에 '돈의 가치'를 먼저 가르치려고 한다. 돈의 가치를 가르치기에는 어릴 적 용돈교육처럼 좋은 게 없다.

록펠러 집안은 어떠한가? 철저하게 용돈기입장을 쓰면서 돈 관리법을 세대간에 전수하고 있다. 그 덕분에 3대를 거쳐 현재 4~5대 째로 넘어오면서도 여전히 명문 부자 집안의 명성을 유지하고 있다. 그와는 달리 19세기 말~20세기 초 록펠러 집안과 견줄 정도로 부자였던 밴더빌트 가문의 경우에는 자손들이 파티와 요트 등에 흥청망청 돈을 쓴 탓에 지금은 갑부라고 부를 사람들이 남아 있지 않다. 코르넬리우스 밴더빌트는 역사상 록펠러와 카네기에 이어 세 번째로 많은 재산을 모은 사람이었다. 하지만 그의 사후 자손들의 집에는 미국 최고의 부자 가족들과 정치인들이 모여들어 매일 밤 파티가 열렸고 요트, 말, 보석, 미술품 등을 구입하고 저택을 꾸미는 데 아낌없이 돈을 썼다. 1973년 미국 내쉬빌의 밴더빌트 대학에서는 그의 사후 처음으로 '가족 재회의 날' 행사가 열렸다. 120명의 후손이 모였는데 밴더빌트 가문 연구가인 아서 밴더빌트 2세는 "그날 모인 사람들 중에는 백만장자가 한 사람도 없었다"라고 말했다.

록펠러 집안의 절약

역사상 최고 갑부인 록펠러는 현재 가치로 1,920억 달러의 재산을 모았다. 세계 최대의 갑부 중의 한 명인 워렌 버핏의 재산이 620억 달러 정도인 것을 감안하면 록펠러가 쌓은 부의 규모를 짐작할 수 있다. 존 록펠러의 외아들인 록펠러 2세는 평생 일하지 않고 흥청망청 쓰더라도 먹고 살 수 있을 만한 재산을 물려받았다. 하지만 록펠러 2세는 아버지의 돈이 아니라 자신이 세상에 기여한 바를 가지고 세상 사람들로부터 평가받기를 원했다. 그래서 부잣집 아들인데도 불구하고 근면과 절약의 정신을 평생의 신조로 삼았다. 그리고 자신의 자녀들도 흥청망청 돈을 허비하고 세간에서 손가락질 받는 부잣집 아이가 아니라 사회에 기여하는 사람들로 키우고 싶었다.

록펠러 2세의 노력으로 19세기 말에서 20세기까지 미국의 자유방임적 자본주의 시기에 발흥했던 '도적 귀족'으로 불리던 신흥 부자 가문 중에서는 거의 유일하게 재산을 지킬 수 있었고 3대가 넘게 부자 집안을 유지할 수 있었다.

록펠러 2세의 첫째 아들인 록펠러 3세는 명문 프리스턴 대학을 졸업하고 아버지가 세운 자선재단을 도맡아 운영했다. 장손인 록펠러 4세(제이 록펠러라고도 불린다)는 웨스트버지니아 주지사를 지낸 후 현재는 미국의 상원의원이다. 둘째 아들 넬슨 록펠러는 자선 사업을 하다 정치에 뛰어들어 뉴욕 주지사를 지냈고 1970년대 포드 대통령 시절에는 부통령까지 역임했다. 셋째 아들 로런스 록펠러는 프린스턴 대학을 졸업하고 미국에서 벤처 투자라는 영역을 개척한 사람 중의 하나가 됐다. 넷째 아들 윈스럽 록펠러는 아칸소 주지사를 지냈다. 다섯째 아들 데이비드 록펠러는 하버드 대학을 나와 시카고 대학에서 경제학 박사 학위를 받고 12년간 체이스맨해튼 은행의 은행장을 지냈다.

이렇게 록펠러 가문이 '미국 1호 가문'으로 불릴 정도로 좋은 부자가 될 수 있었던 바탕에는 집안 대대로 내려오는 철저한 용돈교육이 있었다. 특히 록펠러 2세는 철저하게 돈을 관리하라는 아버지의 정신을 이어받아 자녀들을 헤프지 않고 사회에 기여하는 인물로 키워냈다.

미국 뉴욕 맨해튼의 그랜드 센트럴 역에서 열차를 타고 북쪽으로 30분 정도 달리면 슬리피 홀로라는 작은 동네에 도착한다. 이곳에는 록펠러 집안이 대를 이어 별장으로 사용하고 있는 카이키트(Kykuit)가 자리 잡고 있다. 필자가 2007년 카이키트를 방문했을 때 가장 기억에 남는 것은 록펠러 2세가 사무실로 사용했던 방이다. 그의 방에는 벤저민 프랭클린의 초상화가 걸려 있었다. 벤저민 프랭클린은 미국의 국가 틀을 만든 사람 중 한 명으로, 성공한 미국인의 모델이다. 그는 성공에 있어서 근면과 절약의 정신이 중요하다는 것을 강조했다. 록펠러 2세는 매일 같이 벤저민 프랭클린의 얼굴을 보면서 아버지가 가르쳤던 근검절약의 정신을 잊지 않으려고 했던 것이다.

석유왕 록펠러는 아들에게 근면과 절약의 정신을 가르치기 위해 어렸을 때부터 철저한 용돈교육을 시켰다. 록펠러 2세는 아버지인 록펠러에게서 배운 용돈교육을 잊지 않고 그대로 여섯 자녀에게 가르쳤다. 록펠러 2세의 자녀들이 10대이던 1920년대에 뉴욕 54번가에 있던 그의 집에서는 매주 토요일마다 용돈 기입장을 검사하는 시간이 있었다. "윈(넷째 아들), 이번 주도 저축할 돈이 거의 남지 않았구나. 존(첫째 아들)의 장부를 봐라. 허튼 데 돈을 쓰지 않고 아껴서 남은 돈으로 저축하고 교회에 기부까지 하지 않았니?" 그 자리에서는 이런 식으로 아버지의 가르침이 있었다.

록펠러 집안의 용돈교육은 단순하게 '용돈을 얼마나 자주, 어느 정도 줄까' 라는 수준의 단순한 내용이 아니었다. 용돈의 사용처에 대한 가이드라인을 정한 후에 그것을 달성했을 때는 상을 주고, 어겼을 때는 벌을 주는 식의 철저한 사후 관리가 뒤따랐다. 용돈의 3분의 1은 아이들이 개인 용도로 사용할 수 있었지만 3분의 1은 저축을 위해, 나머지 3분의 1은 기부를 위해 사용해야 했다. 아버지가 정한 가이드라인을 따라 용돈을 사용하고 장부를 기입한 아이들에게는 5센트를 상으로 주고 저축이나 기부를 하지 않고 돈을 낭비한 아이에게는 5센트의 벌금을 매겼다.

록펠러 2세는 당시 미국 최고의 부자였지만 자녀들의 용돈을 넘치지 않게 줬다. 첫 용돈을 30센트부터 시작했다. 자녀들이 용돈을 받기 시작한 나이는 대체로 일곱 살 전후였다. 그 후에는 얼마나 성실하게 용돈을 관리했느냐를 아버지가 따져서 기본적으로 주는 용돈 금액을 늘려갔다.

30센트는 돈의 가치가 지금보다 높았던 당시로서도 상당히 적은 금액이다. 하루는 이런 일도 있었다. 막내아들 데이비드의 학교 친구가 자신의 아버지에게 용돈을 올려달라고 했다. 아들의 요구를 견디다 못한 그 아버지는 "데이비드 록펠러가 얼마나 용돈을 받는지 알아와라. 그러면 그 수준에 맞춰 줄게"라고 했다. 하지만 그 아버지는 다시는 자신의 아들로부터 용돈을 올려달라는 이야기를 듣지 못했다고 한다. 그 아이는 일주일에 1달러를 용돈으로 받고 있었는데 데이비드는 30센트밖에 받지 못하고 있었기 때문이다.

록펠러 2세는 용돈을 벌 수 있는 방법도 만들어 줬다. 그래야 '돈을 쓰기 위해서는 일을 해서 벌어야 한다'라는 의식을 심어 줄 수 있었기 때문이다. 록펠러 2세는 자녀에게 다른 부잣집 아이처럼 넉넉한 용돈을 주지 않는 대신 집안일을 해서 추가적인 용돈을 벌게 했다. 예컨대 아이들이 다락방에서 쥐를 잡으면 한 마리 당 5센트를 줬고 파리를 잡으면 100마리당 10센트의 대가를 줬다. 정원에서 잡초를 뽑거나 풀 깎기를 해도 대가가 있었다. 앞서 언급한 록펠러 집안의 별장인 카이키트는 용돈교육의 현장 체험장이었다. 별장 한 구석에는 아이들만의 정원이 있어 채소 씨를 뿌리고 가꿀 수 있었다. 그들은 자기가 키운 채소를 거둬 인근의 채소 가게에 내다 팔기도 했다. 또 채소를 이용해 토끼를 키워 내다 팔기도 했다. 그들은 "우리는 아주 어릴 때부터 남에게 의존하지 않고 스스로 필요한 것을 충분히 얻을 수 있게 살아야 한다고 배웠다"라고 회상했다. 부잣집 아이라고 집안에서 일하는 사람들이 도와줬을 것이라고 생각할지 모른다. 한번은 잡초 뽑기를 하던 둘째 아들 넬슨 곁을 지나가던 정원사가 다가와서 "도련님, 도와 드릴까요?"라고 물어 본 적이 있다. 넬슨은 "그러지 마세요. 내가 일을 제대로 하는지 엄마가 점검하러 올 거예요"라고 했다. 얼마 지나지 않아 진짜로 록펠러 2세의 아내가 아들이 농땡이를 부리고 있지 않은가 점검하러 나타났다고 한다.

록펠러 2세의 용돈교육에서 중요한 것은 부모 스스로 용돈교육의 역할 모델이 됐다는 것이다. 록펠러 2세가 자녀들에게 용돈교육을 시킬 때 항상 모델로 언급한 사람은 아이들의 할아버지인 석유왕 존 록펠러였다. 록펠러 2세는 실제로 할아버지가 작성했던 가계부 원본을 보여주면서 자녀에게 용돈 기입장을 정성들여 작성하라고 했다. 록펠러 2세도 어릴 때 아버지로부터 직접 용돈 기입장을 기입하는 방법을 배웠다. 록펠러는 아들에게 장부 기입 요령과 복식 부기 방법을 가르치면서 다음과 같이 이야기했다고 한다. "재산이라는 것은 성실하게 관리하라고 신이 잠시 맡겨 놓은 것이기 때문에 낭비하지 않는 게 도리이다."

록펠러 2세는 자녀들에게 엄격하게 용돈교육을 한 이유에 대해 "나는 항상 돈 때문에 우리 아이들의 인생이 망가질까봐 걱정했다. 나는 아이들이 돈의 가치를 알기를 원했고 쓸데없는 곳에 돈을 낭비하지 않기를 원했다"라고 말했다.

워렌 버핏 집안의 절약

워렌 버핏은 여섯 살 때부터 콜라와 레모네이드 등을 팔면서 용돈을 벌었다. 그리고 자녀에게는 적은 용돈을 주면서 독립적으로 돈을 관리하는 방법을 가르쳤다. 그렇기 때문에 아버지가 막대한 재산을 기부한다고 해도 자녀들은 아버지의 계획에 찬성한 것이다. 버핏의 자녀들은 어릴 때부터 아버지의 재산에 기대지 않고 살아가는 법을 배웠고 현재도 큰 딸은 자선사업, 큰 아들은 농업과 사진, 그리고 작은 아들은 가수로서 각자의 영역에서 독립적으로 생활하고 있다.

2007년 중순 버핏의 고향인 네브래스카 주 오마하를 방문한 적이 있다. 오마하는 인구 42만 명의 중소도시로 도시 분위기는 춘천(인구 23만 명) 정도의 느낌을 줬다. 오마하 시내 중심가에서 서쪽으로, 자동차로 10여분 정도 떨어진 던디(Dundee)라는 동네엔 워렌 버핏의 할아버지가 경영하던 식료품점 자리가 있다. 가게 자리는 현재 지역 은행으로 변해 있다. 은행 로비에는 버핏의 할아버지가 장사할 때 쓰던 금고가 그대로 놓여 있는데, 금고의 설명서에는 다음과 같은 글귀가 적혀 있다. '여섯 살짜리 워렌 버핏은 이곳에서 6병 들이 콜라 상자를 25센트에 사다가 한 병에 5센트에 팔았다. 그리고는 상자 당 5센트의 이윤을 남겼다.'

버핏이 여섯 살 때부터 콜라 장사 등을 해서 용돈을 스스로 벌어 썼다는 것이다. 그는 용돈 벌이에 있어서 친구들이 쫓아올 수 없을 정도의 수완을 발휘했다. 음료수 장사로 용돈을 벌기 시작했던 버핏은 10대가 되어서는 중고 골프공 판매와 신문 배달을 주요한 사업으로 진행했다. 중고 골프공 판매는 집 주변 골프장을 돌아다니면서 손님들이 버리고 간 골프공을 수집해서 상태에 따라 분류해서 판매하는 것이다. 이웃집 친구들까지 끌어 들여 중고 골프공을 주워다 팔았다. 신문 배달은 13살 때 다섯 개의 신문 배달 루트에 두 가지 종류의 신문을 섞어서 배달하는 형태로 운영하기도 했다. 10대 중반에 그는 한 달에 175달러를 벌었는데 이는 당시 사회 초년병들이 정규직 일자리를 가졌을 때 받을 수 있는 정도의 돈이었다. 당시 신문배달원들은 평균 시간당 75센트를 받았을 뿐이었다. 부모의 도움이 전혀 없어도 생활을 유지해 갈 수 있는 수준이었던 것이다.

버핏의 아버지는 오마하에서 주식중개인을 하다가 미국 하원의원을 지냈다. 아버지는 평소에 남에게 의존하지 않고 독립심이 강한 생활을 했는데 아들인 버핏에게도 그런 식으로 가르쳤다. 버핏의 아버지는 주식중개인을 하다 1930년대 대공황을 맞아 하루아침에 일자리를 잃었을 때에도 자신의 아버지(버핏의 할아버지)가 운영하는 식료품 가게를 기웃거리지 않았다. 공짜로 갖다 먹는 게 싫어 가족들은 끼니를 거르기 일쑤였다.

버핏은 아버지의 가르침을 따라 자녀들도 가르쳤다. 버핏의 큰 아들 하워드 버핏이 기억하는 자신의 어릴 적 일주일 용돈은 78센트였다. 그의 용돈은 현재 가치로 따지면 4달러69센트 정도인데 현재 미국 어린이들이 일주일에 16달러60센트를 받는 것과 비교하면 터무니없이 적은 돈이다. 버핏은 하워드 버핏이 7살이 되던 31살 때 이미 백만장자가 돼 있었는데 말이다.

버핏은 용돈교육을 통해서 자녀들에게 어릴 때부터 아버지의 돈에 의지하지 말고 살아야 한다고 가르쳤다. 2006년 6월 그는 자신의 재산 중 85%를 기부하겠다는 계획을 발표했다. 그것도 대부분을 빌 게이츠가 운영하는 자선재단에 기부하겠다는 것이었다. 갑부 아버지를 둔 자녀들이라면 그런 계획을 듣고는 '저 돈이 내 돈인데' 라는 생각에 잠을 못 이룰 것 같기도 하다. 하지만 버핏의 세 자녀들은 그 후 ABC 방송의 굿모닝 아메리카라는 프로그램에 출연해서는 미소를 띠고 농담까지 섞어가면서 "아버지의 계획을 지지한다"라고 공개적으로 말했다. 버핏의 자녀들은 아버지가 막대한 재산을 어떻게 할지 오래전부터 알고 있었고 그에 맞춰서 자신들의 삶을 구상하고 만들어 왔기 때문에 그와 같은 반응을 보일 수 있었던 것이다.

빌 게이츠 집안의 절약

빌 게이츠는 또 어떤가? 적은 용돈도 용돈이지만 자녀들에게 휴대전화도 사주지 않고 있다. 자녀들의 휴대전화 요금을 아무 말 없이 묵묵히 내주는 한국의 부모들과는 전혀 다른 태도이다. 갖고 싶은 것을 모두 가질 수 있다면 물질의 소중함을 모를 뿐만 아니라, 뭔가를 얻고자 노력해야겠다는 생각을 갖기 힘들기 때문이다. 게이츠는 자녀들에게 각각 1,000만 달러의 재산을 물려줄 계획이다. 액수만 보면 보통사람들에겐 막대한 돈이지만 자신이 가진 전체 재산의 0.017%에 불과하다. 그렇지만 자녀들이 돈을 관리하는 법을 모른다면 금방 사라질지도 모르는 돈이다. 어렸을 때부터 한계를 모르고 흥청망청 돈을 쓰면 돈 관리법을 배울 기회는 없다. 그렇기 때문에 용돈이라는 한계를 주고 돈을 관리하는 법을 스스로 터득하도록 가르치는 것이다.

게이츠의 집은 미국 시애틀 인근의 부자 동네인 메디나에 있다. 그의 집은 워싱턴 호수 쪽에서 보면 잘 볼 수 있다. 그래서 시애틀을 찾는 많은 관광객이 워싱턴 호수를 한 바퀴 도는 유람선을 타고 게이츠의 집을 멀리서 바라본다. 그의 집에는 방이 8개가 있다. 부동산 사이트 질로닷컴(zillow.com)에 따르면 게이츠의 집 가격은 1억 3,790만 달러로 한 해 재산세만 100만.달러를 넘게 낸다.

각종 첨단 기술 장비가 장착된 집에는 게이츠와 부인 그리고 세 자녀가 살고 있다. 이렇게 남부럽지 않은 집에 사는 게이츠의 자녀들은 용돈을 얼마나 받을까?

게이츠의 자녀 용돈에 대해서는 거의 알려져 있지 않다. 그런데 2007년 게이츠가 캐나다를 방문했을 때 캐나다 공영방송인 CBC의 인터뷰 프로그램에서 용돈에 대해서 이야기한 적이 있다. 앵커가 당시 "미국 최고의 갑부는 자녀에게 용돈을 얼마나 주는지 알아볼까요? 빌, 아이들에게 용돈을 얼마나 주나요?"라고 물었다. 그러자 게이츠는 "매주 1달러의 용돈을 주고 있습니다"라고 대답했다.

게이츠의 자녀가 일주일에 고작 1달러를 받는다고 너무 적게 주는 것은 아닐까라고 생각할 필요는 없다. 게이츠는 "대신 아이들에게 스스로 용돈을 벌 수 있는 기회를 열어놓고 있다. 예컨대 집안일을 도와주면 그에 따라 용돈을 더 준다"라고 말했다. 그리고 그런 용돈교육 방법을 워렌 버핏에게 배웠다고 귀띔했다.

미국 경제 잡지 '포브스'에 따르면 2008년 현재 게이츠는 580억 달러(약 55조 원)의 재산을 갖고 있다. 이렇게 많은 재산이 있지만 자녀들을 헤프게 돈 쓰는 아이로 키우지 않겠다는 생각에서 적은 액수의 용돈을 주는 것이다.

용돈은 어른이 일하는 대가로 받는 월급과는 다르다. 용돈을 주는 것은 아이들이 돈을 관리하는 방법을 가르치는 도구다. 그렇기 때문에 액수의 많고 적음은 그다지 문제가 되지 않는 것이다. 게이츠가 어릴 적에 어떻게 용돈교육을 받았는지에 대해서는 거의 알려져 있지 않다. 다만 그가 쓴 『미래로 가는 길』이라는 책에는 중고등학교 시절 스스로 용돈을 벌었다는 이야기가 나온다. 게이츠는 "부모님은 등록금과 책을 사기 위한 돈을 주셨다. 하지만 컴퓨터를 사용하기 위한 돈은 스스로 벌었다"라고 밝혔다.

게이츠가 중고등학교 시절 돈을 번 원천은 컴퓨터 프로그래밍이었다. 당시 그가 다니던 레이크사이드 중고등학교에는 다른 학교에서 찾아보기 힘든 컴퓨터가 있었다. 어머니회가 돈을 모아 컴퓨터를 기증했기 때문이다. 학교 컴퓨터는 어머니회가 사줬지만 사용요금까지 전부 대줄 수는 없는 일이었다. 게이츠를 중심으로 한 컴퓨터광들은 사용요금을 대기 위해 비즈니스에 나서게 된다. 이들은 시애틀에 있는 중소기업 컴퓨터의 문제점을 찾아서 고쳐 주거나 급여 계산 프로그램을 만들어 주는 등의 일을 했다. 당시에 그들에게 일을 시킨 회사들은 그들을 직접 만나기 전까지 중학교 2~3학년 학생인지 몰랐다고 한다. 게이츠는 고등학교 3학년 때 시애틀의 한 회사에서 컴퓨터 프로그램을 개발하는 시간당 4달러짜리 프로젝트를 수주하기도 했다. 그는 자신의 프로젝트를 수행하기 위해 학교에는 양해를 구한 채 수업을 빠지고 시애틀의 한 아파트에서 생활하기도 했다.

이런 중고등학교 때의 경험을 살려 게이츠는 하버드 대학을 중간에 그만두고 창업의 길로 나서게 된다. 용돈을 스스로 버는 방법을 터득하면서 자수성가하는 길을 일찍부터 발견한 것이다.

좋은 부자들이 생각하는 이상적인 부잣집 아이는 나이가 들어 열심히 일하고 투자에도 명석하면서 자선을 베풀고 부자가 아닌 사람들과도 잘 어울리는 아이이다. 자녀를 아끼는 부자일수록 용돈교육을 철저히 시키는 이유가 여기에 있다. 용돈을 주면 돈에 한계가 있기 때문에 일을 해서 돈을 벌어야 한다는 걸 가르칠 수 있다. 용돈의 일부는 자선을 위해 남겨 두도록 해서 자선의 습관을 키우고 부자의 사회적인 역할에 대해 고민하게 할 수도 있다. 사실 가족끼리 돈에 대해서 이야기하려면 용돈을 매개로 하는 게 가장 좋다. 또 용돈은 부잣집 아이들이 나중에 샐러리맨이 되든 사업가가 되든 미래에 경험해야 하는 경제생활을 미리 체험하는 장이 되기도 한다.

08

부자 부모는 노력하는 아이로 키운다

최근 미국에서는 부자들이 자녀에게 가장 가르쳐주고 싶어 하는 게 '부자의 윤리(Wealth ethic)'가 아니라 '노동의 윤리(Work ethic)'라고 한다. 부자의 윤리란 부자들이 어떻게 좋은 부자로 살아가느냐에 관한 윤리라고 할 수 있고, 노동의 윤리는 단순하게 이야기하면 노력을 해서 돈을 벌어야 한다는 규범이라고 할 수 있다. "좋은 부자가 되기 위해서는 사회에 기여해야 돼"라고 말하기에 앞서 "돈은 노력해서 벌어야 하는 거야"라는 이야기를 먼저 해주려고 한다는 뜻으로 해석할 수 있다.

부자들이 노력을 강조하는 노동의 윤리를 가르쳐 줄 마음이 강해진 것은 인터넷의 발달과 관련이 있다. 최근 들어 미국에서는 인터넷을 검색하는 것을 '구글링(googling)'이라고 부른다. 인터넷 검색 사이트인 구글의 검색 능력이 다른 검색 사이트를 압도하기 때문에 '검색하다'를 '구글하다'로 표현하는 것이다. 그런데 구글의 검색 능력이 뛰어나서 부자 아빠들의 새로운 걱정거리가 생겼다. 부잣집 자녀들이 구글 검색으로 부모 재산 규모를 쉽게 파악할 수 있게 됐기 때문이다. 실제로 인터넷을 뒤져보면 부자들의 연봉, 스톡옵션의 가치, 집값 등을 쉽게 찾아볼 수 있다. 부모의 재산이 많다는 것을 알게 된 자녀들이 부모에게 쉽게 손을 벌리고, 노력을 해서 돈을 벌어야겠다는 생각을 갖기 힘들게 된다. 학교에서도 열심히 공부해야 할 이유를 찾지 못한다고 한다.

미국의 경제일간지 월스트리트저널은 2007년 2월 이렇게 '구글링' 하는 부잣집 자녀들을 기사로 다루면서 부잣집 부모들이 어떻게 대처해야 하는지 조언했다. 자녀들이 인터넷으로 부모의 재산을 조회하는 것을 막을 수는 없다. 다만 아이들에게 노력의 중요성을 가르치는 게 필요하다고 조언했다. 예를 들어, 구글링으로 부모의 재산을 파악하게 된 부잣집 아이들에게는 다음과 같이 대화하라는 것이다. 아이가 "내가 엄청난 재산을 물려받게 되나요?"라고 물어보면 "너는 네가 필요한 교육을 받을 수 있는 정도의 돈을 물려받게 될 거야. 그리고 아마도 집을 사거나 비즈니스를 시작하는 데 보탬을 줄 수도 있을 거야. 하지만 너는 스스로 열심히 노력해서 돈을 벌어야 한단다. 또 네 스스로 직업을 가져야 하지. 그리고 쇼핑은 네가 돈을 벌어서 그 돈으로 해야 한단다"라고 대답하라는 것이다.

미국의 19세기 철강왕 앤드류 카네기는 자신이 부자가 된 비결을 이렇게 이야기했다. "(내가 부자가 될 수 있었던 것은) '가난'이라는 이름이 붙은 엄격하지만 가장 효율적인 학교를 다녔기 때문이다." 가난한 어린 시절을 보냈지만 천신만고 끝에 부자가 됐다는 게 전형적인 자수성가 스토리다. 하지만 부잣집 아이들에게 다시 '가난'이라는 엄격하고 효율적인 학교를 다니게 할 수는 없다. 이미 태어날 때부터 '부자'라는 운명을 타고 났기 때문이다. 부잣집 아이는 노력, 유산, 행운이라는 세 가지 부자가 되는 방법 중에서 유산을 받는 방법으로 쉽게 부자가 될 수 있다. 그러나 조금만 생각이 있는 부자들이라면 쉽게 부자가 되는 게 얼마나 위험한 일인가를 알고 있다. 복권 대박으로 부자가 됐지만 3~5년 사이에 빈털터리가 되는 경우가 많다. '부자가 3대를 못 간다'라는 속담이 있듯이 헤픈 부자로 살다가 부모의 재산을 날리는 경우도 많다.

부자 연구가인 토머스 스탠리의 연구 결과에 따르면 장성한 자녀는 부모에게 받는 돈이 많으면 많을수록 더 적게 재산을 축적하고, 부모로부터 받는 돈이 적을수록 더 많은 재산을 축적하는 경향이 있다. 부모에게 많이 받을수록 자녀는 수입을 초과하는 소비를 하면서 빚을 지고 쉽게 일자리를 포기한다. 결국 재산을 모으는 데 실패하고 기업가적인 도전 정신도 갖지 못한다. 스탠리는 "부잣집 아이들이 생산성이 떨어지는 가장 큰 이유는 부모들이 도에 넘치게 지원하기 때문이다"라고 결론지었다. 앤드류 카네기는 "자녀에게 엄청난 재산을 물려주는 부모는 결국은 자녀의 재능과 에너지를 죽이는 것이다"라고 말했다. 아무리 천문학적인 유산을 남겨줘도 노력하면서 일하는 습관과 재산을 관리할 능력을 키워주지 못하면 아무것도 남기지 않은 것과 마찬가지다.

자녀에게 노력하는 방법을 가르치는 또 하나의 이유는 사회가 성숙할수록 유산 상속보다는 자수성가형으로 부자가 되는 경우가 늘기 때문이다. 유산상속형 부자와 자수성가형 부자는 재산을 형성한 경위도 다르지만, 자녀가 노력하는 아이로 자라나야 하는지 말아야 하는지에 대한 태도에도 차이가 있다.

2008년 미국 은행의 부자 자산 관리 회사인 PNC 웰스 매니지먼트는 50만 달러(약 5억 원) 이상의 투자 재산을 가진 부자 1,500명을 대상으로 설문조사를 했다. 부자들의 69%는 재산을 노력, 비즈니스, 투자로 일궜다고 말했고, 6%만이 상속받은 재산이라고 대답했다. 25%는 상속받은 재산에다 스스로 추가적인 노력과 비즈니스, 투자 등으로 수익을 일궜다고 대답했다. 그런데 "각 세대는 스스로 자신의 부를 일궈야 한다고 생각하느냐?"라는 질문에 대해 상속받은 부자의 28%가 "그렇다"라고 대답했다. 반면 돈을 스스로 벌어본 자수성가형 부자는 68%가 "그렇다"라고 대답했다.

여기에 더해 현대 사회로 올수록 부자가 되는 방법은 다양해지고 있다. 단순하게 상속받은 부를 지키기만 한다면 신흥 부자들에게 뒤처질 수밖에 없다. 미국 뉴욕 대학교의 에드워드 울프 교수의 연구에 따르면 미국 상위 1% 부자들의 재산 중 상속으로 얻은 재산의 비율은 1989년 23%에서 2001년 9%로 떨어졌다고 한다.

물려받은 재산이나 비즈니스가 없더라도 회사의 최고경영자(CEO)가 되거나 헤지펀드의 펀드매니저가 되면 소위 '월급쟁이 부자'가 될 수 있다. 한국에서도 이런 경향은 강해지고 있어 억대 연봉을 받는 애널리스트나 스톡옵션, 성과급 등으로 부자가 되는 대기업 임원들이 늘어나고 있다. '20세기 최고의 경영자' '주식회사 아메리카의 살아 있는 경영 교과서' 등으로 찬양을 받는 잭 웰치는 미국 월급쟁이 부자의 대표적인 사례다. 웰치는 1981년 GE 역사상 최연소로 CEO에 올라 20년 동안 그 자리를 지켰다. 그는 부잣집 아들은 아니었다. 그의 아버지는 보스톤과 근교를 오가는 열차의 차장이었다. 웰치의 아버지는 몸소 아들에게 '노동의 윤리'를 가르쳐 줬다. 아버지는 매일 새벽 5시면 집을 나섰고 하루도 일을 쉬는 날이 없었다. 웰치는 아버지의 일화를 다음과 같이 회상하고 있다. "아버지는 날씨가 나쁠 것이라는 일기예보를 본 날이면 어김없이 그날 밤 어머니에게 부탁해서 역까지 자동차로 태워달라고 했다. 그리고는 통근 열차 한쪽 구석에서 잠을 잤다. 다음날 아무리 날씨가 나빠도 일을 할 수 있게 하기 위해서였다." 웰치는 아버지의 모습을 보면서 노력하는 태도를 배웠다. GE에 입사해서는 일에 대한 열정을 불태웠다. 주5일 근무제가 확실한 미국이었지만 그는 토요일에도 회사에 나와서 일했다. 결국 그는 일에서 성공을 거두어 부자가 됐다. 2001년 퇴직한 후에도 글을 쓰고 컨설팅을 하면서 노력하며 사는 삶을 대중에게 보여주고 있다. 엄청난 퇴직금을 챙긴 많은 CEO들이 퇴임 후에 골프를 즐기면서 자선행사에나 얼굴을 비치는 것과는 다른 모습이다. 웰치가 자신의 노력으로 모은 재산은 2008년 현재 7억 2,000만 달러로 추정된다.

이렇게 월급쟁이도 거부가 될 수 있는 사회로 변화하고 있으므로 대를 잇는 부자 집안이 되기 위해서는 자녀에게 단순한 유산 상속 외에 노력으로 부자가 되는 방법을 가르쳐 줄 필요가 있는 것이다. 있는 것만 지키려 한다면 아무리 부자라도 사회의 낙오자가 되기 쉽다. 있는 것조차 지키기가 쉽지 않기 때문이다. 그렇기 때문에 좋은 부자들은 자신의 자녀를 노력하는 아이로 키우고자 한다.

폴 게티의 아버지, "밑바닥부터 배워라"

노력하는 아이로 키우려 했던 폴 게티 아버지의 사례를 살펴보자. 게티는 미국에서 최초의 억만장자(Billionaire: 10억 달러의 재산을 가진 사람)로 불린 사람이다. 비록 그는 가족까지 저버린 탐욕스런 부자로 알려져 있지만, 그의 아버지는 인생의 밑바닥부터 배우라는 교훈을 어렸을 적에 게티에게 심어줬다.

폴 게티의 아버지 조지 게티는 미국 미네소타 미니애폴리스에서 성공한 변호사로 미국에서 유전 개발 붐이 한창이던 1900년대 초반에 유전 개발에 뛰어들어 큰돈을 번 사람이었다. 당시 미국에 3만 대밖에 없던 자동차도 1대 갖고 있었다. 당연히 외아들인 게티를 남부럽지 않게 키울 수 있는 사람이었다.

하지만 조지 게티는 아들을 '부잣집 아들'로 키우려고 하지 않았다. 조지 게티는 폴 게티에게 근돈교육을 시켰고, 10대가 된 폴 게티를 자신의 사업 현장인 유정에 데리고 가기를 좋아했다. 노동자들과 어울려 유정을 시추하는 현장을 보는 것은 아들에게 일을 하고 싶다는 생각을 갖게 한 생생한 경험이었다.

17살이 된 게티는 고등학교를 졸업하자마자 아버지에게 "아버지 회사에서 일해 보고 싶다"라고 말했다. 아버지 조지 게티는 "만약 네가 바닥에서부터 일하고 싶다던 나는 상관없다"라고 했다. 아버지는 아들에게 특별대우는 없을 것이라고 말했고, 아들은 그래도 일하겠다고 했다. 그래서 얻은 것이 유정 뚫는 일을 보조하는 일이었다. 당시 게티는 하루에 12시간을 일하고 3달러를 받았다. 다른 유정 시추 노동자들이 받는 것과 동일한 임금이었다.

아버지는 회사 노동자들에게 게티를 사장 아들로 대하지 말도록 지시했다. 노동자들은 게티를 이름이 아닌 '어이(Hey)'라고 불렀다. 게티는 다른 노동자들과 같이 합숙소에서 지내면서 그들과 같은 밥을 먹었다. 피곤해서 몸을 가누지도 못한 채 숙소에 돌아오기 일쑤였다. 게티는 손바닥에 온통 물집이 잡혔지만 불평 한마디 하지 않았다. 그는 노동자들과 어울리고 신뢰를 얻는 법도 배웠다. 한 번으로 그친 일회성 이벤트가 아니었다. 게티는 대학을 다니면서도 여름방학이면 오클라호마에 있는 아버지의 유전에서 육체노동을 했다.

게티는 대학을 다닌 후 22살에 아버지의 권유로 유전 개발 사업에 뛰어들게 된다. 하지만 아버지는 자신의 회사에 와서 일하라고 하거나 경영권을 물려주지 않았다. 대신 벤처 투자가가 투자를 하듯 아들의 사업에 필요한 자금을 투자 자금 형태로 지원해 주기로 했다. 투자금은 매달 100달러의 생활비와 석유 시추권을 딸 수 있는 예산이었다. 당시 게티는 일주일에 6달러 하는 싸구려 호텔에 머무르면서 판자로 만든 식당에서 끼니를 때웠다. 유전 개발에 성공하자 이익금을 아들과 아버지가 3대 7로 나누는 방식으로 아버지는 투자금을 회수해 갔다. 그럼에도 불구하고 게티는 24살에 백만장자가 됐다.

폴 게티가 한 번은 "부자가 되려면 어떻게 해야 됩니까?"라는 질문을 받은 적이 있다. 그는 "매일 아침 일찍 일어나서 하루 종일 열심히 일하라. 그리고 석유를 찾아라"라고 대답했다고 한다. 게티는 부잣집 아들이기는 했지만 아버지에게 노력하는 법을 배워 부자가 될 수 있었다.

리카싱, "젊어서 고생하라"

동아시아 최고의 부자 리카싱은 마치 사자가 어린 새끼를 절벽에서 밀어 떨어뜨리듯 두 아들을 독하게 키운다는 철학을 가지고 있다. 리카싱의 자녀 교육 철학은 다음과 같은 그의 말에 요약돼 있다.

"재산이 많건 적건 간에 아이들에게는 어릴 적부터 독립적으로 스스로 힘을 키우는 능력을 배양시켜야 한다. 응석받이로 살게 하거나 남이 키워주는 데 익숙해지거나 돈을 헤프게 쓰는 습관을 갖지 않도록 해야 한다."

자녀들의 독립적인 사고를 키우기 위해 리카싱이 구사한 전술은 젊어서 고생을 시키는 것이었다. 리카싱이 미국 출장 중에 유학 중인 아들을 보기 위해 스탠포드 대학을 찾았을 때의 일이다. 비가 오는 날이었다. 한 젊은 대학생이 큰 가방을 둘러메고 자전거를 몰고 가는 것이 보였다. 승용차와 인도 사이에 공간이 좁아 상당히 위험해 보였다. 리카싱은 "정말 위험해 보이는군"이라며 그 대학생의 얼굴을 자세히 봤다. 다름 아닌 둘째 아들 리쩌카이였다. 당시 리쩌카이는 스탠포드 대학에서 컴퓨터공학을 공부하고 있었다.

리카싱은 첫째 아들은 캐나다, 둘째 아들은 미국으로 유학을 보냈다. 홍콩에서는 갑부 소리를 듣던 리카싱이었지만 유학 간 아이들에게 풍족하게 용돈을 주지 않았다. 자동차 대신 자전거로 통학하도록 했다. 아들들은 남의 도움을 받지 않고 홀로 자취를 하며 학교를 다녔고 아르바이트를 하면서 용돈을 벌었다. 홍콩에서는 리카싱의 아들이라면 누구나 알아보므로 유학이 오히려 아이들을 젊어서 고생을 시킬 수 있는 방법이었다.

리카싱의 아들들은 어릴 적부터 검소하게 생활해야 한다고 배웠기 때문에 고된 유학 생활도 견딜 수 있었다. 부잣집 아들도 실제로 세상 사람들이 어떻게 사는지 이해해야 한다는 게 아버지의 가르침이었다. 리카싱은 버스나 택시와 같은 대중교통을 이용해서 아이들과 시내에 나가기도 했다. 그때마다 거리 가판대에서 신문을 팔면서 고학을 하는 소년 소녀들의 광경을 보여줬다. 리카싱은 가판대의 점원들이 적은 돈을 벌면서도 노력하는 것을 가리키면서 "부잣집 아이들은 더욱 노력해야 한다"라고 가르쳤다. 그는 자신이 10대 중반에 거리에서 외판원으로 사회생활을 시작했던 것과 같은 기억을 아들들에게 심어 주고 싶어 했다.

리카싱이 젊어서 고생을 해야 한다는 생각을 갖게 된 것은 외삼촌의 영향이 컸다. 리카싱의 아버지는 전형적인 책상물림이었지만 먹고 살기 위해 홍콩으로 이주했다. 홍콩에는 리카싱의 외삼촌이 시계 장사를 해서 남부럽지 않게 살고 있었기 때문이었다. 리카싱의 부모는 도움을 받을 수 있을 것을 기대했지만 그것은 그들의 오판이었다. 외삼촌은 방 한 칸을 내줬을 뿐 자신의 회사에 나와서 일하라고도 하지 않았다. 외삼촌은 가족의 일과 사업을 철저하게 분리해서 생각하는 장사꾼(비즈니스맨)이었다. 리카싱의 아버지는 리카싱이 열네 살 되던 해에 폐렴에 걸려 세상을 떠나고 말았다.

아버지가 돌아가고 나서야 외삼촌은 리카싱에게 자신의 회사에 나와서 일을 하라고 했다. 하지만 주변 사람들에게 사장의 외조카란 사실을 알리지 않았다. 리카싱은 청소하고 차를 따르는 일부터 시작했다. 그러나 직원들은 그가 사장의 외조카인지 모른 채 '성실하고 근면하다' '자기 일이 아닌데도 남을 도운다' 라고 사장에게 전했다. 그 덕분에 아버지를 떠나보낸 지 4년 만에 리카싱은 누구의 도움도 받지 않고 홀어머니와 동생의 생계를 책임질 수 있을 정도로 돈을 벌 수 있었다.

도움을 줄 수 있는 위치에 있던 외삼촌이 오히려 엄하게 대했던 게 리카싱에게는 남에게 기대지 않고 성공하는 바탕이 됐다. 때문에 리카싱은 아들을 가르칠 때도 가끔 냉혹하리만큼 고생을 시키는 전술을 구사했던 것이다.

워렌 버핏의 아버지, "투자를 배워라"

네브래스카 주 오마하는 미국에서 43번째로 큰 도시라고는 하지만 중심가는 오히려 한산하다는 느낌을 줄 정도였다. 이 도시가 가장 붐비는 때는 매년 5월 첫째 주 세계적인 투자자 워렌 버핏의 회사인 버크셔 해서웨이의 주주총회가 열리는 때라고 한다. 한 회사의 주주총회가 열려야 붐빈다는 느낌을 줄 정도로 조용한 도시이다. 그러나 '오마하의 마법사' '오마하의 현인' 이라고 불리는 투자의 귀재 버핏이 투자의 방법을 배운 곳은 다름 아닌 고향 오마하였다.

버핏에게 주식 투자 방법을 가르쳐 준 것은 아버지 하워드 버핏이다. 하워드 버핏은 오마하를 기반으로 하는 주식 중개인이었다. 버핏이 태어났던 1930년의 미국은 대공황이 몰아 닥쳐 주식 시장이 붕괴되던 때였다. 주식 중개인이었던 아버지도 하루아침에 일자리를 잃고 길거리에 나앉기도 했다. 보통 사람 같으면 '주식'의 '주'자도 꺼내지 말라고 할 것 같지만 하워드 버핏은 실망하지 않고 아들에게 '투자 마인드'를 심어줬다.

아버지는 버핏이 열 살 되던 때 뉴욕을 보여줬다. 이때 빼놓지 않고 보여준 게 월스트리트에 있는 증권거래소였다. 거래인들이 주식 거래 부스 사이를 왔다갔다 하면서 주식 거래 용지를 서로 건네는 모습은 어린 버핏의 머리에 깊은 인상을 남겼다. 그는 장난감 비행기보다 주식을 더 좋아하는 어린이로 변했다. 아버지는 버핏을 오마하의 중심가에 있는 사무실로 자주 불렀다. 그는 사무실에서 주식과 채권의 원본을 보여주면서 아들에게 주식 시장이 어떻게 움직이고 어떻게 거래가 성사되는지 어릴 때부터 가르쳤다. 또 아버지의 사무실과 같은 건물을 쓰는 '해리스 업햄'이라는 주식 중개 회사에 가면 칠판에 주식 가격을 적어 놓은 것을 구경할 수 있었다. 해리스 업햄의 주식 중개인들은 어린 버핏이 찾아오면 분필로 칠판에 주가 적는 것을 돕도록 했다. 버핏은 주가를 적으면서 주가의 움직임에 대해 분석하기 시작했다. 뉴욕을 방문하기 전인 여덟 살 때부터 버핏은 이미 아버지가 집에 두고 간 주식 시장 관련 책을 혼자 읽고 있었다.

버핏은 열한 살 때 실제로 주식을 구입하게 된다. '시티 서비스'라는 회사의 주식을 주당 38달러에 3주 구입했다. 주가는 27달러까지 떨어졌다가 40달러로 회복됐다. 그는 주식을 팔아 수수료를 제하고 5달러의 이익을 남겼다. 하지만 얼마 지나지 않아 시티 서비스의 주가는 주당 200달러까지 치솟았다. 버핏은 주식 첫 거래에서 투자에 '참을성'이 필요하다는 교훈을 얻었다.

버핏은 그 이후에도 아버지와 대화를 하거나 책을 통해서 꾸준히 주식 공부를 했다. 친구들이 운동장에서 뛰어놀 때 그는 경제일간지인 '월스트리트저널'을 읽고 주가 차트를 연구했다.

버핏은 이렇게 어릴 때부터 투자 마인드를 습관으로 익힌 후에 컬럼비아 경영대학원의 벤저민 그레이엄 교수 밑에서 공부하면서 가치 투자 철학을 습득해서 투자의 대가가 됐다. 가치 투자란 간단히 말하면 '가치에 비해 싼 주식을 사라'는 투자 기법이다.

버핏에게 있어 돈을 버는 방법은 주식 투자였다. 그의 투자회사인 버크셔 해서웨이는 그가 인수한 1965년 이후 2006년까지 연평균 21.4%의 수익률을 올렸다. 같은 기간 평균 주가 상승률의 2배가 넘는 수익률이다. 버핏은 아버지에게서 배운 '투자 마인드'로 무장한 후에 구체적으로 돈을 버는 계획을 세워 실천에 옮겼던 것이다.

빌 게이츠 부모의 경쟁심 심어주기

미국 서부의 5번 프리웨이(고속도로)를 타고 시애틀 시내에서 북쪽으로 10여 분을 달려 145번가 나들목으로 나오면 숲속에 자리 잡은 '레이크사이드(Lakeside)' 학교를 발견할 수 있다. 레이크사이드는 시애틀의 명문 사립중고등학교 중의 하나다. 학교 입구에는 '앨런 앤 게이츠 관'이라는 2층 건물이 자리 잡고 있다. 이 학교 졸업생으로 세계 최대의 소프트웨어회사인 마이크로소프트를 창업한 폴 앨런과 빌 게이츠를 기념하기 위한 건물이다. 지금은 학생들의 과학 실험실로 쓰이고 있다.

빌 게이츠가 레이크사이드 학교에 입학하게 된 데는 부모의 배려가 배어있다. 게이츠는 집 근처의 '뷰 리지(View Ridge)'라는 공립 초등학교를 다녔다. 그런데 당시 공립학교에서는 성적이 좋은 남자 아이는 남자 아이들 그룹에 끼지 못하고 소위 '왕따'를 당하는 분위기였다고 한다. 공부를 열심히 해서 좋은 성적을 내는 것은 여자 아이들의 몫이라는 생각이 남자 아이들 사이에 퍼져 있었기 때문이었다. 그래서 '왕따'를 피하고자 게이츠는 자기가 좋아하는 수학과 과학만 열심히 공부해서 'A'를 받았고, 나머지 과목은 일부러 공부를 하지 않아 'C'와 'D'를 받았다. 게이츠의 부모는 아들의 문제를 해결하기 위해 정신과 의사를 찾았다. 정신과 의사는 아이를 주변 환경에 맞추려고 하기보다는 아이에 맞춰 주변 환경에 변화를 주라고 충고했다.

그래서 게이츠의 부모가 찾은 게 명문 사립학교였다. 레이크사이드는 남학생만 다녔고, '레이크사이드에서 멍청하다고 불리는 아이도 다른 학교 기준에서 볼 때는 똑똑하다'라는 평가를 받을 정도로 뛰어난 학생들만 모이는 곳이었다. 적절한 경쟁에 노출되자 게이츠는 숨겨진 능력을 발휘하기 시작했다. 전국 수학 경시대회의 상위권을 휩쓸고, 고등학교 때는 워싱턴 대학의 정규 수학 강의를 들으면서 대학생들과 경쟁해서 학점을 딸 정도였다. 게이츠는 경쟁을 즐겼을 뿐만 아니라 성취감도 맛볼 수 있었다.

게이츠의 부모는 아들을 적절한 경쟁에 노출시킴으로써 세계 최고 갑부가 되는 초석인 '경쟁의 가치'가 무엇인지 알려준 셈이었다. 게이츠 부모가 학교 선택에 있어서 '어떻게 적절한 경쟁에 노출시킬까'를 고려한 것은 평소에 '경쟁'과 '게임'을 중시하는 집안 분위기와 무관하지 않다. 게이츠의 아버지 윌리엄 게이츠는 잡지 '타임'과의 인터뷰에서 "가족끼리 게임을 할 때 그냥 장난으로 한 게 아니었다. 언제나 누가 이기느냐가 중요했다"라며 집안의 분위기를 묘사했다. 매주 일요일이면 온 가족이 모여 카드 게임과 암호 맞추기 등의 게임을 했다.

그 밖에도 아버지가 준비하는 중요한 연례행사가 있었다. 동네의 좌장 격이었던 아버지 윌리엄 게이츠는 열 가족 정도를 모아 시애틀에서 1시간 30분 정도 떨어진 후드 커낼의 오두막 휴양지를 빌려 매년 함께 여름휴가를 보냈다. 오두막 휴양지에서는 릴레이 경주, 계란 돌리기, 깃발 뺏기 등 가족 단위의 경쟁을 하는 게임을 즐겼다. 빌 게이츠는 "(여름휴가는) 항상 멋진 시간이었다. 우리 모두에게 '우리는 경쟁할 수 있고, 성공할 수 있다' 는 생각을 심어줬다"라고 회상했다.

부모가 게이츠에게 심어준 경쟁을 두려워하지 않는 마인드는 게이츠가 하버드 대학을 휴학하고 마이크로소프트를 창업하는 데까지 이어지게 된다. 그는 남들보다 먼저 경쟁에 뛰어들기 위해 20대 초반에 과감하게 학교를 그만두고 비즈니스를 선택했다. 경쟁을 두려워하지 않았던 덕분에 빌 게이츠는 세계적인 갑부의 자리에 오를 수 있었던 것이다.

제 VI 장

부자의
사회봉사

01

한국 사회가 멋진 부자 찾기에 나섰다

2007년 12월 200억 원이 넘는 거의 모든 재산을 사회에 환원하겠다는 송명근 건국대 교수의 선언은 한국 사회에서 '부자'에 대한 인식을 바꿔 놓은 하나의 사건이라고 기록될 것이다. 송 교수는 국내 심장 수술의 최고 대가로 꼽히는 분이다. 송 교수는 1남1녀의 자녀들에게 결혼해서 독립할 때 전세금 조로 각각 3억 원씩을 물려주고 나머지 200억 원이 넘는 자신의 재산은 대부분 사회에 돌려주겠다고 했다. 그는 2002년 재산을 사회에 환원하겠다는 내용으로 유언장을 작성하고 공중까지 받았지만 5년이 지나서야 세상에 공개했다. 그 사이 송 교수가 개발한 심장 판막 기능 보조 장치가 외국에서 인정을 받으면서 특허료 등으로 재산이 크게 불어나자 욕심이 생겨 마음이 흔들릴까 봐 쐐기를 박으려고 했다는 게 공개한 이유이다.

김밥 할머니들이나 기업들의 기부 행진이 그동안 많이 보도됐지만 송 교수의 선언이 더 화제가 된 것은 그가 21세기형 '멋진 부자'의 모델을 보여줬기 때문이다. 의사라는 전문직으로 지식을 이용해서 돈을 벌어 다시 사회에 돌려주는 모습을 보여준 것이다. 송 교수는 고귀한 부자들이 도덕적인 의무와 책임을 다한다는 노블리스 오블리주의 상징처럼 받아들여졌다.

한국에서 부자 되기 열풍이 불기 시작한 것은 2000년대 초이다. 1997년 외환위기를 거치면서 침체된 한국 경제가 다시 기지개를 펴기 시작하면서 부자 되기에 대한 관심이 높아졌기 때문이었다. 2002년 초 한 카드회사 광고에 나온 '부자 되세요'라는 카피가 유행어가 되었고, 2003년 초 은행과 증권사들이 팔기 시작한 '7억 만들기 펀드'니 '10억 만들기 펀드'는 부자 되기 열풍을 부채질했다. 2003년 초에 나온 『한국의 부자들』이라는 책은 50만 부 이상 팔리며 베스트셀러가 됐다. 2004년에는 서울여대에서 '부자학 개론'이라는 교양 강좌가 개설되면서 부자학이라는 학문의 탄생을 알리기도 했다.

그렇게 5~6년이 지나면서 이제는 한국 사회가 '단순한 부자 되기'에서 벗어나 '멋진 부자 되기'라는 한 단계 업그레이드된 요구를 하게 됐다. 멋진 부자가 되기 위해서는 '멋진 부자'에 대한 역할 모델이 필요하다. 그래서 최근 한국에서 멋진 부자 찾기가 한창이다. 미국의 갑부 워렌 버핏이나 빌 게이츠와 같이 정당한 방법으로 돈을 벌고 사회에도 공헌하는 부자를 찾겠다는 것이다.

조선일보에서는 2008년 신년기획으로 30~40대 전문가 그룹을 대상으로 2008년을 관통할 흐름을 추려 다섯 개의 문장으로 압축해 달라는 요구를 했다. 그 다섯 문장 중 하나가 '우리는 멋진 부자를 보고 싶다' 라는 것이다. 그간 언론에 비친 부자의 모습은 전 재산을 던지는 성인(聖人)이거나 아니면 '돈이면 무엇이든 할 수 있다' 라는 생각을 가진 듯한 졸부였다. 이제는 양 극단이 아니라, 사회를 위해 운치 있게 돈을 쓸 줄 아는 품위 있는 부유층의 등장을 바라는 것이다. 조선일보는 그 대표적인 사례로 송명근 건국대 교수를 들었다.

멋진 부자 찾기는 언론만의 몫이 아니다. 사회복지공동모금회는 2007년 말 1억 원 이상 기부한 개인을 모아 '아너 소사이어티(honor society)'를 만들었다. 지금까지 부자들이 거액을 기부한 일은 많았지만 산발적으로 이루어져 사회적인 흐름을 이뤄내지 못했다는 반성에서 나온 모임이다. 개인이 정기적으로 거액을 기부하는 분위기를 조성하겠다는 계획이다. 2008년 4월 현재 6명의 회원이 확보됐다.

아너 소사이어티는 미국 공동모금회인 유나이티드 웨이(United Way)의 토크빌(Tocqueville) 소사이어티를 모델로 삼았다. 1984년 만들어진 토크빌 소사이어티는 1만 달러(약 1,000만 원) 이상 기부한 사람들의 모임이다. 마이크로소프트의 창업자인 빌 게이츠 등 2만여 명이 참여해 연간 5,000억 원을 기부하고 있다. 김현경 공동모금회 사업본부장은 "아너 소사이어티가 성공하려면 많은 돈을 개인적으로 기부할 수 있는 부자들을 발굴해 내는 게 관건"이라며 "토크빌 소사이어티는 사회공헌 활동으로 미국에서 부자의 이미지를 긍정적으로 바꾸는 데도 크게 기여했다"라고 말했다.

사회복지공동모금회가 아너 소사이어티를 만들게 된 배경에는 고액 개인 기부자가 늘고 있는 현상이 자극이 됐다. 2007년 12월~2008년 1월 이웃돕기 캠페인 기간 동안 100만 원 이상 기부한 개인은 59명으로 한 해 전 같은 기간의 36명에 비해 64%나 늘었다. 나눔정보연구센터가 2006년 개인자산 10억 원 이상 부유층 162명을 대상으로 한 설문 조사에서도 88.9%가 기부 경험이 있고, 5년간 평균 기부액은 1,116만 원이었다. 이는 일반인의 연평균 기부액 17만 8,052원보다 62.7배가 많은 액수였다. 거액 기부를 하는 멋진 부자를 찾아 나설 정도로 한국 사회의 분위기가 성숙했다는 뜻이다.

2007년 9월 세계 최초로 부자학을 연구하겠다고 한국에서 발족한 '부자학연구학회'는 누구나 공감할 수 있을 만한 존경받을 부자를 발굴하는 것을 최우선 과제로 삼고 있다. 2008년 3월 26일에는 6개월간의 활동 상황을 정리해서 '존경받는 부자 데이(day)' 행사를 열었다. 이제까지 한국에서 존경받는 부자라면 경주 최 부잣집이나 고(故) 유일한 유한양행 회장을 들었다. 하지만 이제는 동시대를 살아가는 존경받는 부자를 찾아야 할 때라는 게 부자학연구학회의 이야기이다.

부자학연구학회가 찾는 존경받을 부자에는 두 가지 조건이 있다. 첫째, 돈을 번 목적이 사익 추구가 아니어야 하고, 둘째, 사회에 공헌을 해야 한다는 것이다. 부자학연구학회는 부자, 교수, 사회단체 회원 등 50여 명을 모아 '존경받는 부자위원회'를 결성하고 숨어 있는 존경받는 부자를 발굴해서 그들의 삶을 기록하는 활동을 할 예정이다.

사회복지공동모금회나 부자학연구학회가 멋진 부자를 찾아 공개해서 사회의 귀감이 되도록 하는 것이 목표지만 정작 본인들이 공개되기를 꺼려해 어려움을 겪는다고 한다. 사회복지공동모금회는 아너 소사이어티 회원으로 6명을 확보했으나 실명 공개를 원하는 사람은 한 명도 없었다. 6명 중에는 기업인이 4명, 여성 영화배우 1명이 있다는 것만 알려져 있다. 아예 신원이 파악되지 않도록 익명으로 기부한 사람도 1명 있었다. 공동모금회 관계자는 "부자들은 외부에 이름이 알려지는 것을 싫어하기 때문에 앞으로 어떻게 자연스러운 활동을 이끌어 내느냐가 과제"라고 말했다. 사회복지공동모금회는 부자들의 기부가 1회성 행사가 아닌 함께 지속적으로 참여하는 방식으로 정기적으로 이어갈 수 있기를 바란다. 또 부자들이 인맥을 활용해서 스스로 '아너 소사이어티'를 확대해 주길 바라고 있다.

부자학연구학회에서 추진하고 있는 존경받는 부자 찾기도 쉽지는 않다. 2007년 학회 회원들이 기존 언론 보도 등을 바탕으로 20여 명의 후보자군을 선정한 후에 정밀 검토를 거쳐 4명을 추려서 "찾아가겠다"라는 공문을 보냈다. 하지만 아무도 반응이 없었다. 부자들이 무작정 접촉하는 것은 꺼린다고 판단해서 연줄을 이용하는 게 낫겠다는 의견이 나와 인맥을 동원해서 부자 7~8명을 만났으나 본인들이 존경받는 부자로 선정되는 데는 손사래를 쳤다.

하지만 앞으로 멋진 부자가 되려는 흐름이 강해질 것이다. 한국의 부자 철학을 연구한 김상원 광운대 교수는 "우리 시대의 멋진 부자는 개인적으로 행복해야 하고 더 나아가 더불어 잘 사는 사회를 만들기 위해 노력해야 한다"며 "부자들 중에서 점차 진정한 부자가 뭔지를 생각하는 사람이 늘고 있어 앞으로 존경받는 부자가 늘어날 것으로 본다"라고 말했다.

02

기부자는 DNA가 다르다

2007년 12월 주요 언론들이 '구두쇠와 기부자는 유전자가 다르다' 라는 재미있는 연구결과를 보도했다. 이스라엘 히브루 대학의 심리학과 연구팀이 203명의 성인남녀에게 각각 12달러(약 1만 2,000원) 씩을 주고 그 돈을 원하는 대로 사용하라면서 선택의 기회를 줬다. 실험대상자들이 부여받은 선택모드는 '받은 돈을 모두 자신이 가지거나, 또는 돈의 일부 또는 전부를 남에게 기부하는 것' 이었다.

연구팀은 최종 결과와 미리 채취한 실험대상자의 DNA샘플을 비교해 보았다. 그랬더니 'AVPR1a' 라는 유전자가 있느냐 없느냐에 따라 사람들의 기부 행태가 크게 달라지는 것을 발견할 수 있었다. 일종의 단백질 유전자인 'AVPR1a' 를 가진 실험대상자가 그렇지 못한 실험대상자에 비해 50% 이상 많은 돈을 기부한 것으로 나타난 것이다. 또 돈을 많이 기부한 사람일수록 'AVPR1a'에서도 '프로모터 (promoter)'라는 핵심 요소가 더 긴 것으로 나타났다. 'AVPR1a'는 사회적인 연대와 밀접한 아르기닌 바소프레신이라는 호르몬이 뇌세포에 작용하게 하는 역할을 하는 것으로 알려져 있다.

히브루 대 연구팀은 "이번 실험이 DNA의 특정유전자와 실제 인간의 이타적인 행동이 깊은 관계가 있음을 입증하는 최초의 증거"라고 주장했다. 마치 명랑하거나 낙천적인 성격이 유전되는 것처럼 기부 또는 사회봉사와 같은 행동도 대를 이어 유전된다는 것을 보여준 셈이다.

이와 같은 결과는 특정 유전자가 기부와 관련돼 있다는 사실을 구체적으로 증명한 케이스라고 할 수 있다. 옥스퍼드 대학의 리처드 도킨스 교수의 주장과도 일맥상통한다고 볼 수 있다. 도킨스는 『이기적 유전자(The Selfish Gene, 1976년)』라는 책에서 인간을 포함한 모든 생명체의 사회적 행동은 유전자와 환경 사이의 상호작용의 결과일 뿐 아니라 '유전자의 꼭두각시'로 보았다. 가족들 간의 사랑도 생명체가 유전자를 보존하기 위한 수단으로 비슷한 유전자를 후세까지 이어가기 위한 이기적인 유전자의 행동이라는 것이다. 심지어 사람이 다른 사람을 돕는 이타적인 행동도 실제로는 주어진 환경 속에서 유전자가 살아남기 위해서 취하는 이기적 유전자의 행동 결과라는 것이다.

실제로 스크루지나 록펠러의 경우 처음에는 나쁜 부자였다가 좋은 부자로 돌아서고 있는데 이 또한 이기적 유전자가 작용한 결과라고 볼 수 있을 것이다. 록펠러의 경우 자신의 사업에서 살아남기 위해 피도 눈물도 없는 사업가로서의 면모를 보인 반면 가족이나 종교에 대한 헌신을 보면 어느 누구보다도 선한 사람이었다. 겉과 속이 다르기보다는 생물학적으로 각기 다른 행동반경에서 작용하는 유전자가 달랐을 뿐이라고 볼 수 있다. 그러다 결국 여러 가지 사건을 겪으면서, 또 2년 여를 병에 시달리면서 그간 활동하지 않던 'AVPR1a'라는 유전자가 작동을 시작해 기부와 봉사에 헌신하기 시작했다고 보면 지나친 억측일까.

필자는 만약 히브루 대학의 연구결과대로 'AVPR1a'라는 기부 유전자가 있다면 이 유전자는 세대를 거쳐 유전될 확률이 높기도 하지만, 어느 시점에서 갑자기 돌연변이처럼 생겨난다고 믿는다. 돌연변이 또한 후세로 유전된다고 하지 않는가? 예를 들어, 경주 최 부잣집의 경우 10대, 록펠러의 경우 4대에 걸쳐 기부와 사회환원이라는 노블리스 오블리주를 실천했다. 특히 우리나라의 경우 잘 알려진 경주 최 부잣집 외에도 전남 구례의 문화 류 씨, 전남의 해남 윤 씨 등 수대를 이어 자선과 적선으로 유명한 양반가들이 적지 않았다고 할 수 있다. 최근에 와서는 유한양행의 창립자 유일한의 경우 아들에게는 "대학까지 졸업시켰으니 앞으로 자립해서 살라"라고 하고 딸에게는 자신의 묘소 부지 5,000평만 물려주면서 한 푼도 물려받지 않은 어머니(유일한의 아내)를 잘 돌봐달라고 부탁을 했다. 그 딸 유재라도

1991년 미국에서 죽으면서 평생 자신이 스스로 모은 200억 원을 사회에 기부하고 돌아갔다.

어려서부터 보고 배운 것이 기부이고 또 선행이라면 없던 유전자도 생겨날 것이다. 특히 미국처럼 기부가 사회의 한 흐름, 즉 문화로 자리 잡게 되면 어릴 때부터 기부를 받고 기부를 하는 환경에서 자라게 될 것이므로 어른이 되어서도 기부와 봉사가 자연스럽게 일어나게 될 것이다. 미국인의 90% 이상이 기부를 하는 것도 이와 같은 기부 문화가 사회적 흐름으로 자리 잡았기 때문일 것이다. 다만 우리나라의 경우 일제시대와 6·25 전쟁을 겪고 또 농업사회에서 급격하게 산업사회, 자본주의사회로 바뀌면서 그와 같은 기부와 적선의 전통이 거의 끊기다시피 했을 뿐이다. 따라서 기부라는 유전자도 가정과 사회의 분위기에 따라 살아남기 위해 진화를 거듭한다고 볼 수 있다.

유교 3대 경전 중 하나인 '주역'의 첫 장에는 '적선지가 필유여경(積善之家 必有餘慶)'이라는 구절이 나온다. 선행을 쌓으면 반드시 집안에 경사가 찾아온다는 뜻이다. 선행을 쌓아 경사가 찾아오니까 또 선행을 하고 그래서 또 경사가 찾아오는 선순환의 고리가 계속 이어지게 될 확률이 높다. '할아버지 음덕이 손자 대에 열매 맺는다'라는 우리 어른들의 말씀도 바로 이와 같은 연결 고리를 두고 하는 말일 것이다.

가수 김장훈을 예로 들어보자. 1967년생으로 이제 갓 마흔이 넘은 김장훈은 지금까지 30억 원이 넘는 돈을 기부했지만 정작 자신은 집도 없이 월세를 살고 있다. 그가 이렇게 나보다는 남을 돕는 사람이 된 것은 어머니 때문이었다고 한다. 어렸을 때 상당히 부자였던 집이 아버지의 사업실패로 망하면서 가수가 된 직후에도 월세 8만 원짜리 집을 전전했다. 하지만 그런 와중에서도 김장훈의 어머니는 비행청소년 전도에 나서는 등 사회봉사를 이어갔다. 비행청소년들에 대해 "그 아이들도 심성 자체는 맑다"면서 "사회의 틀이 아이들을 이렇게 만들었을 뿐"이라고 말했다. 그러면서 "나중에 너도 돈을 벌면 엄마 좀 도와라"라고 김장훈에게 입버릇처럼 말했다. 젊은 김장훈에게 어머니의 선행과 심지는 누구보다 크게 다가왔을 것이다. 물론 다른 한 편으로는 그 시간에 쉬거나 그 돈으로 맛있는 것이나 사 드시지 하는 생각도 들었을 것이다.

당시 무명 가수였던 김장훈에게 그런 기회가 올 것 같지 않았지만 드디어 기회가 왔다. 1998년 '나와 같다면'으로 대박이 터지면서 1999년 전속계약금으로 9억 원을 거머쥐었다. 김장훈의 인생은 이때부터 달라지기 시작했다. 어머니와의 약속을 지키기 위해 9억 원 전액을 청소년을 위한 문화 교회와 같은 곳에 기부했다. 첫 번째 기부이자 가수 김장훈의 새로운 삶의 의미, 그 자신이 말하는 삶의 행복이 시작된 것이다. 특히 어머니의 선행과 봉사, 자신의 가난, 중퇴와 가출이 잇따랐던 청소년기를 거울삼아 가출 청소년들을 선도하는 데 지원을 아끼지 않고 있다. 이후 지금까지 김장훈은 선행과 기부를 이어오고 있다.

테레사 효과

기부가 사회를 밝게 만든다는 점에는 누구나 동의할 것이다. 연구에 따르면 사회뿐 아니라 자신의 건강도 좋게 만드는 것으로 나타났다. 1998년 미국 하버드 의대 연구팀은 아무런 대가 없이 봉사에 참여한 사람들에게서 면역 기능이 향상된다는 사실을 발견했다. 바이러스와 싸우는 'IgA'라는 면역강화 물질이 생겨나기 때문이었다. 연구팀은 이와 같은 효과를 노벨평화상을 수상한 테레사(1910~97) 수녀의 이름을 붙여 '테레사 효과'라고 명명했다.

한 가지 덧붙인다면 기부가 경제도 성장하게 만든다는 연구결과가 있다. 미국 시러큐스 대학의 아서 브룩스 교수의 2006년 논문에 따르면 미국에서는 1달러의 기부가 19달러의 수익을 창출하는 것으로 분석되고 있다. 기부를 하게 되면 빈곤층의 가계소득이 증가하는 동시에 자선단체들의 사업이 활성화되면서 관련 산업이 발전하고 그에 따라 사회전체의 소득 증가로 이어진다. 이 과정에서 생겨나는 일자리 또한 사회와 경제를 동시에 밝혀줄 것이다.

버핏 효과

　최근 들어 기부의 방식과 유형이 다양해지고 있다는 점은 고무적인 현상이다. 국내외 불우아동과의 결연, 유산을 사회에 환원하는 유산 나눔, 전문가들이 자신의 특기를 활용하는 재능 기부와 같은 참신한 기부문화가 생겨나고 있다.

　이처럼 기부의 토양이 점차 마련되고 있는 상황에서 우리나라에 기부문화를 정착시키기 위해서는 가장 먼저 자선 및 기부에 대한 일반 국민들의 관심과 참여 확대가 필요하다. 특히 미국의 카네기와 록펠러의 경우에서 보는 것처럼 가진 자는 물론 사회적 영향력이 있는 지도층 인사들이 자선과 기부에 앞장서는 모범을 보여야 한다. 미국의 경우 빌 게이츠에 이어 또 다른 부자인 워렌 버핏이 거의 전 재산을 기부하기로 한 이후 기부 행렬이 이어지는 이른바 '버핏 효과' 가 나타나고 있다. 가진 이들이 먼저 전면에 나서자 일반 국민들도 따라가고 있는 것이다.

　아울러 기부를 장려하는 사회적 분위기를 조성하기 위한 노력도 병행되어야 할 것이다. 무엇보다 기부가 가정과 학교, 직장 등에서 자연스러운 사회적 행동이 되어야 한다. 이를 위해서는 가정과 학교에서 기부에 대한 교육이 이루어져야 한다. '자선은 가정에서 시작된다' 라는 외국 속담처럼 이제 우리도 가정에서 봉사하고 기부하는 교육을 해야 할 때이다. 부모의 기부와 선행, 자원봉사를 보면서 자란 아이들은 자연스럽게 자선을 베풀게 될 것이다. 뿐만 아니라 학교와 직장에서도 기부와 봉사에 대한 교육과 활동이 활발하게 이루어져 기부와 자선이 일상생활의 하나로 자리 잡게 만들어 나가야 할 것이다. 또 세제 상의 공제범위와 관련한 조세제도를 정비해, 개인뿐 아니라 기업의 기부에 대한 세제혜택도 획기적으로 확대해 나가야 한다. 비영리단체 등에 의한 모금 행위를 감독하는 제도 또한 업그레이드시켜 나가야 할 것이다. 비영리단체 또한 투명성과 신뢰성 강화를 위한 스스로의 노력을 게을리 하지 않아야 할 것이다. 기부와 신뢰는 떼려야 뗄 수 없는 관계이기 때문이다.

03

미국의 기부문화

미국은 기부가 하나의 트렌드 또는 문화로 자리 잡고 있는 나라라고 할 수 있다. 자선 관련 연구로 유명한 뉴욕 대학의 클래어 가우디아니 교수에 따르면 미국은 세계에서 가장 많이 기부를 하는 나라로 꼽히고 있다. 미국인들은 국내총생산(GDP) 대비 기부금액의 비중이 1.8%에 달해 두 번째로 높은 영국의 0.7%에 비해 두 배 이상 높다. 그 다음으로 많이 기부하는 나라인 프랑스는 0.14%에 불과할 정도로 차이가 크게 난다. 미국, 영국, 프랑스에 이어 남아프리카공화국, 싱가포르, 터키, 독일의 순으로 기부를 많이 하지만, 이들 나라의 기부금액 비중은 채 0.1%를 넘지 못한다.

미국은 비중뿐 아니라 절대금액에서는 전 세계 기부금을 다 합친 것보다도 많다. 인디애나 대학 부설 기부센터(Center on

Philanthropy)의 조사에 따르면 2006년 한 해 동안 미국 국민들은 국내총생산(GDP)의 1.8%에 해당하는 2,920억 달러를 기부한 것으로 집계되었다. 2,920억 달러면 2006년 우리나라 GDP(8,874억 달러)의 30%를 넘는 엄청난 액수에 해당한다. 2006년의 경우 큰 자연재해나 인재가 없었던 해임에도 불구하고 허리케인 카트리나와 리타, 쓰나미 등의 큰 자연재해가 있었던 2005년의 기부금(2,831억 달러) 규모를 넘어선 것이다.

이렇게 엄청난 규모의 기부금이 가장 많이 간 곳은 종교기관이다. 총기부금의 32.8%에 해당하는 969억 달러가 종교기관에 기부되었고, 그 다음으로 학교와 도서관에서 410억 달러(13.9%)를 기부 받았다.

기부금을 누가 주로 내고 있는가를 보면 개인의 비중이 전체의 83.6%로 대부분을 차지하고 재단(11.6%)과 기업(4.8%)이 그 뒤를 잇고 있다. 미국 기부의 특징은 개인이 많이 내기도 하지만 대다수 개인들이 참여하고 있다는 점이다. 전체 가구의 57%가 연평균 1,000달러 정도를 기부하고 있을 뿐 아니라 자산이 100만 달러 이상인 부자들은 기부 참여율이 무려 98%에 달한다. 또 한 연구결과에 따르면 연소득이 10만 달러 이하인 미국 가정 중 65%가 자선활동을 위해 기부를 한 것으로 집계되고 있다. 총기부액의 70% 이상은 연봉 3만 달러 이하의 평범한 사람들의 호주머니에서 나온다. 잘 사는 사람, 못 사는 사람 가릴 것 없이 거의 빠짐없이 기부에 참여하고 있는 셈이다.

이와 같은 결과에 대해 '왜 미국은 기업들이 기부 참여도가 낮은

가?' 라는 의문을 가질 수 있다. 가장 큰 이유는 미국의 경우 기업의 대주주 또는 오너들도 대부분 자신의 개인 자산으로 기부에 참여하고 있기 때문이다. 자신의 주식을 팔거나 배당을 받거나 아니면 자신이 소유하고 있는 기업을 팔아서 생긴 돈을 자신이나 가족이 만든 재단 또는 특정재단에 기부하는 것이다.

대표적인 경우가 2007년 기부 순위에서 1위를 차지한 윌리엄 배런 힐튼(72세)이다. 할리우드의 망나니 여배우 패리스 힐튼의 할아버지인 윌리엄 힐튼은 자신이 소유하고 있던 호텔과 카지노 회사를 매각한 대금 12억 달러를 모두 자신의 아버지가 세운 콘래드 힐튼 재단에 기부했다. 그는 기부하면서 "유산 상속은 (상속인에게서) 자기 재산을 형성하는 만족감을 빼앗는 일"이라고 말했다. 이 소식을 들은 패리스 힐튼은 안타까웠겠지만 할아버지는 손녀에게 재산을 물려줄 생각을 전혀 하지 않고 있었던 것이다.

화학회사 헌츠먼 케미컬의 회장인 존 헌츠먼 부부가 7억5,000만 달러를 기부해 2위에 이름을 올렸고, 월스트리트의 투자가인 조지 소로스와 금융업의 대부 데니 샌포드가 각각 4억7,460만달러를 기부해 공동 3위에 올랐다.

2007년 미국의 10대 기부자

(단위: 달러)

순위 / 이름	직 업	기부액
1. 윌리엄 힐튼	전 힐튼호텔 회장	12억

2. 존 헌츠먼 부부	헌츠먼 케미컬 창업자	7억 5,000만
3. 조지 소로스	퀀텀펀드 회장	4억 7,460만
4. 데니 샌포드	금융인	4억 7,460만
5. 존 클루지	FOX TV 전 소유자	4억
6. 샌포드 웨일 부부	전 씨티그룹 회장	3억 2,850만
7. 마이클 블룸버그	뉴욕시장	2억 500만
8. 분 피켄스	석유재벌	2억 80만
9. 로버트 데이	금융인	2억
10. 엘리 브로드 부부	주택건설업자	1억 7,600만

자료: 크로니클 오브 필랜스로피(Chronicle of Philanthropy)

미국 기부 문화의 두 번째 축은 부자들이 설립한 자선재단들이다. '부자로 죽는 것은 부끄러운 일'이라면서 재산의 대부분을 사회에 기부한 철강왕 앤드류 카네기가 선구자로, 그 뒤를 이어 우후죽순처럼 번져나갔다. 1907년 러셀 세이지 재단이 가장 먼저 세워진 이후 1900년대 초반 카네기가 카네기워싱턴연구소와 카네기교육개발재단을, 록펠러가 록펠러보건의료연구소 등을 세워 기부문화가 본격화되기 시작했다. 러셀 세이지 재단은 투자가이면서 철도사업가였던 러셀 세이지가 사망한 후 전 재산을 상속받은 미망인이 '사회 및 생활 조건의 영구적 향상'을 목표로 세운 재단이다. 이후 카네기 재단이 1911년에 세워졌고, 1913년에는 록펠러 재단이 만들어졌다. 이외에도 켈로그 재단, 로버트 우드존슨 재단, 릴리기금, 퓨자선기금, 콘래드 힐튼 재단 등이 있다. 규모에서는 자산 331억2,000만 달러인

'빌 앤드 멜린다 게이츠 재단', 포드자동차 설립자인 헨리 포드의 아들 에드셀 포드가 설립한 '포드 재단(122억 5,000만 달러)' 등이 대표적이다. 현재 미국에는 6만여 개의 재단이 설립돼 있는데 이들 재단의 자산 규모만 5,000억 달러(약 480조 원)에 달한다. 5,000억 달러의 자산은 전 세계 각국의 재단이 보유하고 있는 자산을 모두 합친 것보다도 많은 규모이다.

미국 재단 10개 중 9개는 2차 세계대전 이후에 설립된 것이다. 특히 이들 재단 중 90% 이상이 가족재단이다. 미국의 부자들은 카네기와 록펠러처럼 가족의 이름을 딴 재단을 만드는 것을 매우 명예로운 일로 여기고 있기 때문이다. 미국의 재단들은 교육이나 의료, 기술개발뿐 아니라 오페라 등 음악관련 공연, 사회복지 등에도 기부를 하는 동시에 미국 국내뿐 아니라 전 세계를 상대로 기부에 나서고 있다. 예를 들어, 빌 앤드 멜린다 게이츠 재단은 아프리카 및 아시아 보건사업, 록펠러 재단은 말라리아와 십이지장충 방지를 위한 국제보건사업, 켈로그 재단은 라틴아메리카와 남아프리카의 의료교육사업 등에 적극 지원하고 있다.

미국의 자산순위 10대 자선 재단

(단위: 달러)

순위	재단명	설립자	자산	최근 1년 기부금	자산	주된 사업
1	빌&멜린다게이츠	빌 게이츠(마이크로소프트회장)부부	291 (2005년 말)	13.6	105 (1995년 이후)	세계의 건강교육증진 및 도서관 사업
2	포 드	어드셀 포드(포드자동차 설립자인 헨리포드의 아들)	115.7 (2005년 9월)	5.12	122 (1970년 이후)	자산건물 및 커뮤니티 발전, 평화와 사회정의 구현사업
3	폴 거티	폴 거티(석유사업가 및 미술품 수집가)자손	96.4 (2005년 6월말)	0.4	2.4 (1984년 이후)	미술사연구 및 미술품 보전, 교육사업
4	로버트존슨	로버트존슨 (존슨앤존슨 설립자의 아들)	89.9 (2004년 말)	3.69	40 (1996년 이후)	건강 및 치료사업
5	릴리	엘리 릴리 (엘리 릴리사 설립자)의 후손	84 (2005년 말)	4.69	60 (1937년 이후)	공동체 발전 및 교육 종교사업
6	W.K.켈로그	W.K켈로그 (켈로그콘프레이크 발명자)	73 (2005년 8월말)	1.87	44 (1930년 이후)	건강, 농업 및 교육사업
7	윌리엄 & 플로라 휴렛	윌리엄 휴렛 (휴렛팩커드 공동설립자)부부와 아들	65.3 (2004년 말)	2.68	–	분쟁해결, 교육, 미국과 남미의 관계증진 사업
8	데이비드 & 루사일팩커드	데이비드 팩커드 (휴렛팩커드 공동설립자)부부	58.8 (2005년 말)	2.01	–	과학발전, 어린이 및 가족 관련 사업
9	앤드류 멜론	아바론재단과 을드도 미니온 재단 합병	53 (2004년 말)	1.86	17.5 (1994년 이후)	교육 연구 및 박물관 보전사업
10	고든 & 베티 무어	고든 무어 (인텔 설립자)부부	50.4 (2004년 말)	2.17	10.6 (2001년 이후)	환경 및 과학, 샌프란시스코만 지역관련사업

*최근 1년 기부금은 자산 파악시점을 기준.

연예인·스포츠 스타들의 자선과 선행

연예인과 스포츠 스타들이 젊은이들의 우상이라는 점에서 이들의 일거수일투족은 사회와 문화에 엄청난 영향을 미친다. 이들의 노래나 영화, 스포츠에 사람들은 열광한다. 하지만 이들이 마약을 하거나 허튼 행동을 하게 되면 실망하기도 하고 분노의 대상이 되기도 한다. 반대로 이들 우상들이 먼저 나서서 기부를 하거나 선행을 하게 되면 감사와 존경을 표하고 이를 따라가려고 노력하는 젊은이들이 많이 생겨날 것이다. 또 진짜 부자들도 한편으로 움찔할 수밖에 없게 될 것이다.

할리우드의 악동에서 선행 천사로: 안젤리나 졸리

　시대와 문화를 선도하는 할리우드 스타들은 경쟁적으로 기부와 선행에 나서고 있다. 할리우드에서도 기부와 선행으로 가장 이름난 스타는 안젤리나 졸리라고 할 수 있다. 졸리는 '선행 천사' 라는 이름으로 불릴 정도로 다양한 자선활동을 하고 있다. 2001년부터 인도, 파키스탄, 캄보디아, 차드 등의 난민촌을 찾아다니고 있을 뿐 아니라, 봉사활동 중 캄보디아와 에티오피아, 베트남에서는 고아를 입양했다. 유엔난민고등판무관(UNHCR)의 친선대사(Goodwill Ambassador)이기도 한 졸리는 지난 2005년에는 유엔 '글로벌 인권상' 을 수상했다. 2006년에는 미국의 피플(People)지의 '가장 아름다운 사람 100인' 중 1위에 선정됐다. 당시 피플지는 "졸리가 임신 중이지만 이는 그녀를 더욱 빛나게 만들 인간적인 노력일 뿐"이라면서 그녀의 인간적인 매력을 강조했다. 졸리가 하이티의 구호현장에 있을 때 가장 아름답게 보였다는 동료의 말을 인용하고, 현재 동거하고 있는 브래드 피트와 입양한 두 자녀(현재는 입양 3명, 낳은 딸 1명 해서 모두 4명)를 거론하면서 세상에서 가장 아름다운 가족이라고 언급했다.

　졸리는 또 로이터통신이 선정하는 '2007 가장 인도주의적 명사' 에서도 1위에 선정됐다. 연간 수입의 3분의 1을 기부하고 있을 뿐 아

니라 브래드 피트와 함께 '졸리 피트 재단' 까지 설립할 정도로 자선
과 기부에 열성적이다. 이들 커플은 이와 같은 선행과 자선으로 팬들
이 '브란젤리나' 라는 신조어를 만들어내기도 했다. 영화 외에도 자
선활동과 기부가 그들의 아름다운 삶의 일부가 되고 있는 것이다. 졸
리는 본격적인 배우 활동에 나서면서 아버지의 후광을 입는 게 싫어
서 보이트 대신 졸리라는 성을 사용하기 시작했다고 하는데, 졸리
(Jolie)는 프랑스어로 '예쁘다 또는 아름답다' 를 뜻한다. 졸리 부부
는 말 그대로 아름다운 커플이라고 할 수 있다. 실제로 미국의 연예
주간지 'US위클리' 는 이들 부부를 '2007년 올해의 커플' 부문에서
첫 번째로 선정했다.

　하지만 이런 그녀도 한때는 할리우드의 악동이었다. 요즘으로 치
면 패리스 힐튼에 못지않은 말썽꾸러기였다. 졸리는 '미션 임파서블
1' 에 등장하는 존 보이트와 역시 배우인 마셀리니 베르트랑 사이의
딸로 태어났다. 부러울 게 없는 환경이었지만 곧 바로 부모가 이혼하
고 오빠와 함께 어머니를 따라, 때로는 아버지를 따라 이곳저곳을 옮
겨 다니면서 살았다. 가족에 대한 지나친 집착은 이때 생겨난 것으로
보고 있다. 첫 남편 빌리 밥 손튼과 서로의 피를 담은 병을 교환해서
목걸이로 걸고 다니는가 하면 혈서로 쓴 셔츠를 입고 다니고 손튼의
이름을 팔뚝에 문신으로 새기는 등 광기어린 짓으로 비난을 받기도
했다. 손튼의 잦은 불륜과 졸리의 일방적인 입양으로 둘이 이혼할 때
는 '내 피를 담은 병을 돌려 달라' 는 소송을 내서 세간의 입방아에 오

르기도 했다. 사실 지금 동거하고 있는 브래드 피트만 해도 유부남이
었다. 그런 그녀가 악동 이미지를 벗고 섹시스타로 발돋움하더니 이
제는 천사스타로 자리매김하고 있는 것이다.

타임이 선정한 올해의 인물: U2의 보노

아일랜드 출신의 세계적인 록그룹 U2의 보컬리스트인 보노(Bono)
또한 자선과 기부에서 빼놓을 수 없는 인물이다. 보노는 미국의 시사
주간지 타임지가 선정하는 '2005년 올해의 인물' 에 선정됐다. G8 정
상회담에서 선진국들이 아프리카에 대한 부채를 탕감하고 원조를 획
기적으로 늘리게 하는 데 기여한 공로를 인정한 것이었다. 보노는
2006년 다보스포럼에서 아메리칸 익스프레스, 갭, 조르지오 아르마
니 등과 함께 수익의 일정 부분을 국제구호사업을 위한 글로벌 펀드
에 투자하기로 하는 '레드' 브랜드 사업을 출범시키기도 했다.

이외에도 인권단체 '엠네스티', 환경보호단체 '그린피스' 등의 활
동에도 부인과 함께 적극적으로 참여하고, 친환경에너지로 각광받고
있는 '바이오디젤' 의 홍보대사를 맡는 등 환경 및 빈곤과 질병 퇴치
등에 앞장서고 있다. 보노가 아프리카의 에이즈 퇴치를 위해 지난 5
년간 모금한 액수만 총 150억 달러에 이르는 등 홍보와 로비뿐 아니
라 실질적인 지원에도 열성적이다. '노래하는 성자' 또는 '평화를 노

래하는 록그룹'이라고 불리고 있을 정도이다. 이와 같은 공로를 인정받아 2005년에는 U2의 동료 밥 겔도프와 함께 노벨평화상 후보에 오르기도 했다. 최근 들어 너무 정치적이라는 우려가 나오고 있기는 해도 보노의 환경운동가, 빈곤퇴치운동가로서의 영향력은 점점 더 커지면서 가수로서의 인기를 넘어서고 있는 상황이다.

자선사업을 제2의 인생으로 하기 위해 식품회사를 설립한 왕년의 명배우 폴 뉴먼도 빼놓을 수 없다. 그는 '뉴먼스오운'이라는 샐러드 드레싱 회사를 설립·운영하면서 지금까지 유니세프 등 자선단체에 1억5,000만 달러 이상을 기부해오고 있다. 이외에도 수단 다르푸르 사태와 관련한 구호활동과 난민기금 1,000만 달러를 모금해 '2007 평화최고상(Peace Summit Award)'을 받은 조지 클루니, 세계적인 구호기구인 옥스팜의 친선대사로 인도와 스리랑카에서 쓰나미 수재민 구호활동을 벌이고 있는 스칼렛 요한슨, '국제공동체지원재단(FINCA)'과 함께 우간다를 찾아 빈민 여성들을 돕고 있는 나탈리 포트만 등 수많은 할리우드 스타들이 자선과 봉사활동 대열에 나서고 있다.

물론 이들 스타들의 선행에 대해 이미지 또는 홍보를 위한 의도적이라거나 과시적이라는 비판도 없지는 않다. 하지만 그것이 이미지 전략이든 홍보 전략이든 나타난 결과는 사회를 보다 아름답게 만드는 선행이라고 할 수 있다. 특히 이들의 행보는 보다 많은 사람들에

게 기부와 봉사활동이 필요하다는 것을 일깨워주는 소금의 역할을
할 것이다. 따라서 이들의 선행은 그 의도에 관계없이 사회의 존경과
찬사를 받아야 할 것이다.

역경을 딛고 기부금 1위로 올라선 여왕: 오프라 윈프리

미국에서 '토크쇼의 여왕'으로 불리는 오프라 윈프리. 2004년 9
월 윈프리는 방청객 11명을 무대로 불러내 제너럴모터스의 스포츠
세단인 폰티악 G6를 한 대씩 선물했다. 이어서 남은 방청객들에게
상자를 하나씩 나눠주면서 그 중 하나에 12번째 차 열쇠가 들어있다
고 말했다. 하지만 방청객들이 막상 상자를 열자 모든 상자에 차 열
쇠가 들어 있었다. 결국 그 날 방청객 276명 전원에게 3만 2,000달
러(3,000만 원) 상당의 차 1대씩을 선물했다. 이날 방청객들은 그들
의 가족들과 친구들이 각자 차를 받아야 하는 사연을 보낸 사람들 중
에서 선정된 이들이었다.

이와 같은 깜짝 행사가 과연 자선인가에 대해서는 논란의 여지가
있다. 하지만 오프라 윈프리는 어떤 행동이나 행사에서건 당당하고
씩씩하다. 미혼모의 딸로 태어나 가까운 친척으로부터 성폭행을 당
하는 등 가난한 어린 시절을 보냈었다. 자신도 미혼모가 되었고, 흑
인인 데다 100kg이나 나가는 뚱뚱한 몸매에도 불구하고 미국뿐 아

니라 전 세계적으로도 존경받는 유명인사가 되었다. 월스트리트저널의 '미국인이 존경하는 인물' 조사에서 3위를 차지했고, 시사주간지 타임은 '20세기의 인물' 중의 하나로 선정했다.

이와 같은 존경과 사랑의 배경에는 역경을 딛고 성공한 흑인여성, 비즈니스우먼이라는 요인 외에도 오프라 윈프리의 가진 자, 성공한 자로서의 노블리스 오블리주라는 요인이 크게 작용했을 것이다. 4,000만 달러(380억 원)를 들여 2007년 1월에 설립된 '오프라 윈프리 리더십 아카데미'는 가난하지만 영리한 아프리카의 11~12세 소녀 150여 명을 해마다 선발해 무료로 교육을 시키고 있다. 어린 시절 너무 가난해서 감자포대로 만든 옷을 입었다고 해서 '감자포대 소녀'라고 불렸던 그녀가 이제 가난한 흑인소녀들에게 배울 기회를 주고 있는 것이다.

뿐만 아니라, 오프라 윈프리는 2006년 기부금 순위에서도 스포츠와 연예인 스타 중 1위를 차지했다. 물론 2006년 기부금에는 앞서 언급한 '오프라 윈프리 아카데미'에 대한 기부가 들어가 있기도 하지만 평소에도 기부와 자선에 열성적인 것으로 알려지고 있다. 스포츠와 연예인 스타들을 대상으로 자선기금 유치 활동을 벌이고 있는 '더 기빙 백 펀드(The Giving Back Fund)에 따르면 오프라 윈프리는 2006년에 총 5,830만 달러(540억 원)을 기부해 1위에 올랐다.

2위에는 뉴욕의 메모리얼 슬로언 케터링 암센터에 4,400만 달러를 기부한 패션 디자이너 조프리 빈이 차지했다. 조프리 빈은 2004

년에 77세로 사망했지만 유족들이 기부를 집행한 것으로 알려졌다.
영화배우 잭 로드와 마리 로드 부부가 4,000만 달러로 3위, 영화배
우 겸 감독 바바라 스트라이샌드가 1,175만 달러로 4위를 차지했다.
골프황제 타이거 우즈가 950만 달러로 5위를 차지했고, 앞서 언급한
브란젤리나 부부(브래드 피트와 안젤리나 졸리)가 아프리카 나미비
아의 학교와 '국경 없는 의사회' 등에 총 241만 5,000달러를 기부해
11위에 올랐다.

2006년 미국 스포츠 · 연예인 기부 순위

(단위: 달러)

순위	기부자	기부액
1	오프라 윈프리	5,830
2	조프리 빈	4,400
3	잭 & 마리 로드 부부	4,000
4	바바라 스트라이샌드	1,175
5	타이거 우즈	950
6	로지 오도넬	570
7	마사 스튜어트	500
8	카멜로 앤서니	428.5
9	팻 분	300
	르로이 네이먼	300
11	브래드 피트 & 안젤리나 졸리 부부	241.5

자료: 더 기빙 백 펀드(The Giving Back Fund, www.givingback.org)

골프 황제는 기부에도 황제: 타이거 우즈

스포츠 스타는 연예인 스타에 못지않게 젊은이들의 우상이다. 프로 스포츠가 가장 발달한 미국의 경우 연봉으로 수백억을 벌어들이는 스타들은 대부분 자신의 이름을 딴 자선재단을 설립·운영하고 있다. 골프 황제 타이거 우즈는 1996년 프로로 데뷔하면서 '타이거 우즈 재단(Tiger Woods Foundation)'을 설립했다. 아버지 얼 우즈와 함께 '돌봄과 나눔(caring & sharing)'을 모토로 '타이거 우즈 러닝센터'와 같은 프로그램을 운영하면서 사회환원과 청소년 교육에 관심과 지원을 계속해오고 있다. 재단이 설립된 이후 1,000만 명 이상의 청소년들이 교육의 필요성을 인식하거나 교육을 받을 수 있는 기회와 실질적인 지원을 받았다. 특히 타이거 우즈가 고등학교 시절 연습장으로 사용했던 캘리포니아 애너하임에 있는 밀러골프장 옆에 세워진 타이거 우즈 러닝센터는 2006년 2월 2,500만 달러를 들여 개설한 이후 8~17세의 청소년 1만6,000명이 수학과 과학, 인성교육을 받았다.

타이거 우즈는 2008년 1월 타이거 우즈 러닝센터에서 '피스트 펌프 챌린지'라는 또 하나의 청소년 지원 프로그램을 발족시켰다. 골프 황제 타이거 우즈의 트레이드 마크인 '피스트 펌프(fist pump)'는 11살 때 아버지 얼 우즈와 내기 골프에서 처음으로 이긴 뒤 환호하면

했던 동작, 허리 밑에서부터 가슴쪽으로 꽉 쥔 주먹을 치켜 올리는 동작을 말한다. 21년이 지나 지금의 자신을 있게 한 피스트 펌프를 청소년들에게도 동기 유발과 희망의 심볼로 주겠다는 것이다. 타이거 우즈는 발족식에서 "21년 전 아버지는 핸디캡 1인 고수였고 나는 그때까지 한 번도 아버지를 넘어선 적이 없었다. 하지만 이날 나는 71타를 기록해 이븐파를 친 아버지를 1타차로 이겼다. 그때 그린을 향해 달려가며 허공을 향해 피스트 펌프를 날리면서 환호했던 일은 절대 잊지 못할 내 인생 최고의 기억이었다"라고 회상했다. 타이거 우즈는 두 번째 타이거 우즈 러닝센터를 워싱턴DC에 개설할 예정이라고 밝혔다.

스포츠 스타 중 자선에서 둘째가라면 서러워할 사람이 테니스 선수 안드레 애거시이다. 그는 안드레 애거시 재단을 설립, 불우어린이들에게 지원을 아끼지 않고 있다. 9~14세 어린이들 중 가난으로 인해 학비나 의료비를 낼 수 없는 아이들을 지원하고, 지체부자유 어린이 보호시설 등을 건립하고 있다. 2002년 라스베이거스에서 애거시가 주최한 어린이기금 모금에서는 무려 560만 달러가 걷혔다. 매년 모금에 엘튼 존, 셀린 디온, 스티비 원더와 같은 가수와 배우 로빈 윌리암스, 아놀드 슈워제네거 등 유명 스타들이 대거 참여하고 있다.

05

우리나라의 기부문화

10대 300년에 걸친 노블리스 오블리주: 경주 최 부잣집

건너 마을 부잣집하면 으레 최 부잣집이다. 노래 가사에서는 최 진사 댁으로 나오지만 아마도 경주 최 부잣집을 염두에 두었을 것이다. 만약 최 부자가 수전노로 소문이 났거나 놀부처럼 심술이 사나운 집이었다면 굳이 최 부자, 최 부자 하지는 않았을 것이다. 예를 들어, 옹고집네 또는 미국의 폴 게티 또는 록펠러네 하면 손사래부터 치는 것과는 반대로 듣기에 거부감이 없을 뿐 아니라 오히려 정겹기 때문에 노래 가사에도 올랐을 것이다.

'부자가 3대를 못 간다' 라는 말은 동양뿐 아니라 서양에서도 통하는 말이다. 그런데 왕가(王家)나 빼어난 귀족집안도 아니면서 부(富)

를 10대 이상 유지해 온 집안은 아마도 최 부잣집이 유일한 경우일 것이다. 최 부잣집은 17세기 중반 최국선(1635~1682)으로부터 시작해서 20세기 중반 최준(1884~1970)까지 10대 300여 년을 유지했다. 최 부잣집이 존경을 받고 좋은 본보기의 첫 번째로 들게 되는 것은 단순히 큰 부자였고 그것을 오랫동안 유지했기 때문이 아니다. 그 집안이 대대로 자선과 사회공헌을 통해 가진 자의 모범을 보였기 때문이다. 최 부잣집의 가훈을 통해 이들이 어떻게 존경을 받는 집안이 될 수 있었는지를 알아보자.

흉년에는 재산을 늘리지 마라.
사방 백 리 안에 굶어죽는 사람이 없게 하라.
과객을 후하게 대접하라.
시집온 며느리들은 3년 동안 무명옷을 입어라.

가훈(家訓)을 보라. 이보다 더 남에게는 후덕하면서도 자신에게는 절제와 검약을 강요하는 집안을 어디서 찾을 수 있겠는가? 흉년에 재산을 늘리는 것은 남의 불행을 치부의 기회로 삼는 것이다. 재산을 늘릴 때도 수단과 방법, 시기를 가려서 상도(商道)에 맞게 행동을 해야 할 뿐 아니라 어려울 때일수록 가진 자로서 오히려 그들을 도와야 한다고 주문하고 있는 것이다. 사방 백 리면 쉬지 않고 걸어야 10시간이 걸리니까 꼬박 하룻길이다. 집에서 하룻길 정도에 사는 사람이라면 내 이웃이요, 그들이 굶는 것을 두고 봐서는 안 된다는 것이다. 이를 위해 최 부자는 춘궁기가 되면 한 달에 약 100석, 흉년에는 800 석의 곡식을 나눠주었다. 소작수입을 총수입으로 본다면 총수입의 3 분의 1을 가난구제에 사용한 것이다.

이와 같은 개인 차원에서의 가난 구제가 최 부잣집만 있었던 것은 아니다. 전남 구례의 문화 류 씨 집안 고택인 운조루(雲鳥樓)에는 200여 년 묵은 뒤주가 있다. 쌀이 두 가마 반이나 들어가는 이 통나 무로 된 뒤주는 집 밖을 향해 있는데 쌀을 빼내는 입구에 '타인능해 (他人能解)' 라는 글귀가 쓰여 있다. '아무나 이 쌀을 가져갈 수 있다' 라는 뜻이다. 일종의 무인(無人) 자선뒤주인 셈이다. 굳이 얼굴을 마 주치면서 눈치 볼 것도 없이 필요한 만큼 가져가도 좋다는 뜻이다. 남을 배려하는 우리 조상들의 세심한 지혜가 묻어나는 대목이다. 동 학과 6·25 전쟁 등을 거치면서도 운조루가 멀쩡할 수 있었던 것은 류 씨 집안 역시 최 부잣집처럼 평소에 두텁게 덕을 쌓고 베풀었기 때문일 것이다. 아울러 '청부(淸富)' 에는 이념이나 사상이 들어갈 곳 이 없다는 것을 잘 보여주는 사례라고 할 수 있다.

해남 윤 씨 가문 역시 결코 이들에 못지않다. 개시조인 윤효정은 '삼개옥문(三開獄門) 적선지가(積善之家)' 라는 말을 들었다. 당시 생 활이 어려워 나라에 세금을 내지 못하고 옥에 갇힌 사람을 윤효정이 세 번이나 대납하여 풀려나게 해주었기 때문이었다. 이와 같은 전통 은 4대손인 고산 윤선도에게로 이어져 윤선도의 시호를 딴 '충헌공 가훈'으로 이어지고 있다. 윤선도가 74세에 함경도 삼수로 귀양을 가면서 아들에게 남긴 편지글 형식의 가훈에서 "집안의 융성을 위한 최고의 덕목이 '적선'과 '근검'이므로 이를 꼭 지켜나가야 한다"라고 말하고 있다. 최 부잣집의 가훈과 다를 바가 없다고 하겠다.

필자의 할머니에 따르면 구한말과 일제시대 초기에 흉년이 들면 떠돌아다니는 거지 가족들이 많았다고 한다. 이들은 끼니때가 되면 어느 집에서 연기가 나는지부터 살피는 게 일이었다. 어느 집에서 연기가 나면 그 집으로 우르르 몰려갔다. 목구멍이 포도청이라고 눈치 볼 것도 없었다. 만약 죽이나 밥을 돌리지 않을 경우 꽹과리나 그릇을 두들기며 야단법석을 피웠다. 집 주인도 아예 거지 가족들을 위해 따로 죽이나 밥을 해서 조금씩 돌린 다음에야 편안한 마음으로 식사를 할 수 있었다. 어려운 가운데서도 조금 나은 집에서 먹거리를 나눠먹은 셈이었다.

최 부잣집의 시작으로 보는 최국선은 임진왜란 때 의병을 일으켜 전공을 세운 최진립의 손자이다. 최진립은 무과에 급제한 후 정유재란 때에는 큰 전공을 세워 선무공신으로 녹선되었다. 공조참판과 삼도수군통제사 등을 지내다 병자호란 때는 공주영장으로 69세의 노구였지만 주위의 만류에도 용감히 싸우다 용인전투에서 전사했다. 조정은 정무공이라는 시호를 내리고 청백리로 녹선되었다. 이와 같은 할아버지의 혁혁한 무공과 나라에 대한 충성심이 손자 대까지 이어져 내렸을 것이다. 특히 최진립은 몇 차례 억울하게 유배를 당하면서 느낀 게 많았던지 다음과 같은 유훈(遺訓)을 남겼다.

"학문하기에 힘써야 한다. 그러나 벼슬을 목적으로 학문을 하지는 마라. 뭇 사람들과 이해관계 속에서 원만하게 벼슬자리를 수행하기란 지극히 어렵다. 사람이 왕후장상의 아들로 태어나지 않은 이상 권세와 부귀를 모두 가질 수는 없다. 권세의 자리에 있음은 칼날 위에 서 있는 것과 같아 언제 자신의 칼에 베일지 모르니 …… 과거를 보되 진사 이상의 벼슬은 하지 마라."(전진문, 『경주 최 부잣집 300년 부의 비밀』)

여기서 나온 것이 최 부잣집의 첫 번째 가훈 '과거를 보되 진사 이상의 벼슬은 하지 마라' 인 것이다. 부를 오래 지켜가기 위한 현명한 가훈이었다. 계급사회에서 양반으로서의 신분을 유지하기 위해 진사 정도의 벼슬만으로 족하다고 생각했기 때문이었다. 이 가훈은 최근까지도 계속됐다고 한다. 어려서부터 수재로 이름난 종손이 사법고시에 10번이나 떨어지자 그 어머니[宗婦]가 조상들께 간절히 빌었다. 꿈에 나타나 "진사 이상의 벼슬을 하려고 하니 떨어질 수밖에 없다"며 역정을 내는 증조부께 어머니가 "이제 시대가 달라졌으니 제발 손자가 원하는 시험에 붙게 해 달라"라고 빌어서 간신히 그 다음 시험에 합격했다는 것이다.

마지막 남은 가훈은 '재산은 만 석 이상을 모으지 마라' 이다. 만석을 상한선으로 둔 것은 돈이 많을수록 좋을 수도 있지만, 오히려 돈에 파묻혀 헤어나지 못함을 경계한 것이다. 어느 정도의 부가 쌓이면 부에 대한 욕망 자체를 절제하는 지혜가 필요하다고 본 것이다. 실제로 최 부자들은 만석을 넘지 않기 위해 소작료를 낮춰줄 수밖에 없었다. 이에 따라 최 부잣집의 소작인들은 더 열심히 일할 의욕이 솟구쳤을 뿐 아니라 자신들에게 소작을 준 최 부자에게 감사와 존경을 표하지 않을 수 없었을 것이다. 의도하든 않든 주종(主從) 간의 신뢰가 자연스럽게 쌓여가는 시스템을 만들어나간 것이다.

주종간의 신뢰는 어느 날 갑자기 생기는 것이 아니다. 다시 정무공 최진립으로 돌아가 보자. 69세의 노구로 용인전투에 참가했지만 중과부적으로 수세에 몰리자 따르는 부하들에게 "나는 여기서 한 걸음도 움직이지 않고 죽을 것이다. 그러나 너희들은 반드시 나를 따를 것이 없다."라고 말하고 화살을 쏘며 분전했다. 전황이 더 불리해지자 평생 자신을 따르던 두 종에게 집으로 돌아갈 것을 명했다. 하지만 환갑을 넘긴 두 종은 "주인이 목숨을 버려 충신이 되는데 우리가 어찌 충노(忠奴)가 되지 않겠습니까?" 하면서 함께 싸우다 전사했다. 후에 시신을 수습할 때 최진립과 두 종 모두 온 몸에 화살을 맞은 채 발견되었다. 최진립의 종가(경주 교동 최 부잣집이 아닌 경주시 내남면 이조리 소재)에서는 지금도 이들의 영령을 기려 장군의 제사를 지낸 뒤 상을 물려 제사를 지내고 있다. 엄격한 계급사회였던 조선 시대에 양반들이 상민도 아닌 종에게 최고의 경의를 표한 것이다. 이와 같은 전통이 같은 집안인 최 부잣집에서도 면면히 내려오고 있다고 할 수 있을 것이다.

　최 부잣집의 가정생활지침이자 교육원리인 '육연(六然)'도 기억해 둘 만하다. 첫째, 자처초연(自處超然, 스스로 처신할 때는 초연하게 행동하라), 둘째, 대인애연(對人靄然, 남을 대할 때는 온화하게 대하라), 셋째, 무사징연(無事澄然, 일이 없을 때는 맑게 지내라), 넷째, 유사감연(有事敢然, 유사시에는 용감하게 대처하라), 다섯째, 득의담연(得意淡然, 뜻을 얻었을 때는 담담하게 처신하라), 여섯째, 실의태연(失意泰然, 실의에 빠졌을 때는 낙담하지 말고 태연하게 행동하라) 등이다. 최 부잣집 후손의 증언에 따르면 어린 시절부터 매일 아침 일어나면 곧 바로 사랑채로 건너가서 문안인사를 드린 후 붓글씨로 할아버지 앞에서 10번씩 이 육연을 써야했다고 한다. 매일 반복해서 수년 동안 쓰면서 그 내용과 뜻이 자연스럽게 배어들기를 바라는 어른들의 지혜였다고 할 수 있다.

　마지막 최 부자 최준은 이와 같은 육연을 온 몸으로 실행했다. 일제시대에는 독립자금을 지원한 독립운동가로서 활동했고, 상해임시정부에 돈을 보낸 것이 발각되어 일본경찰로부터 혹독한 고문을 당하기도 했다. 결국에는 운영하던 회사가 자금난을 겪으면서 막대한 금액의 부채를 떠안게 되었다. 이런 사실은 백범 김구 선생의 자금조달 인명 기록장을 통해서도 자세히 밝혀진 바 있다. 당시 막 중국으로부터 귀국한 김구는 최준을 만나 "최 선생, 그동안 수고가 많았습니다. 귀국하면 가장 먼저 만나고 싶었습니다. 가산을 탕진하면서까지 임시정부에 독립운동자금을 보내주신 공로야말로 우리 동포 모두가 우러러 볼 것입니다"라고 치하했다.

최준은 해방 후 경주의 집 등 부동산과 장서류를 모두 처분하여 대구대학교와 계림학숙(영남대의 전신)을 설립했다. 최준의 둘째 동생 최완은 일본경찰의 모진 고문으로 35세에 순국했다. 반면 최준의 첫째 동생 최윤은 총독부 중추원 참의를 지낸 죄로 해방 후 반민특위에 체포되기도 했다. 하지만 최윤이 참의를 지낸 것은 집안을 구하기 위한 희생인 것으로 알려지고 있다. 최 부잣집의 부(富)는 나라가 오욕의 시대를 거치면서 끝이 났지만 최 부잣집의 가훈과 교육, 노블리스 오블리주는 앞으로도 영원히 우리들의 마음속에 남아있을 것이다.

최경주와 박찬호, 김장훈

타이거 우즈 하면 떠오르는 우리나라의 스포츠 스타는 '탱크 최경주' 이다. 미국 프로골프에서 랭킹 10위권으로 진입한 최경주는 2007년 11월 자신의 이름을 딴 '최경주 재단' 을 설립했다. '우리 아이들을 위해, 우리 함께 사는 사회를 위해, 우리 모두의 미래를 위해' 라는 모토를 내걸고 100억 원의 기금으로 청소년을 대상으로 한 공부방 지원과 장학사업을 폭넓게 진행할 계획이다. 또 주니어 골프 선수 육성과 해외 소수민족 청소년센터 지원, 병원을 통한 어린이 암환자 지원 등을 펼칠 예정이다. 최경주는 이전에도 조용히 기부하는 것으로 잘 알려져 왔는데 1997년 결손가정 어린이에게 장학금을 지급한 것을 시작으로 지금까지 개인적으로 수억 원을 기부해왔다. 최경주는 최근에도 경기도 이천 냉동창고 화재 사고 유족에게 3억 원을 기부하기도 했다.

'코리안 특급' 박찬호는 우리나라 스포츠 스타의 사회 공헌에 첫발을 내디딘 경우라고 할 수 있다. 1998년 8월 우리나라에 수재(水災)가 났을 때 당시 한국인 최초의 메이저리거로 LA 다저스의 간판 투수였던 박찬호가 1억 원을 수재의연금으로 기탁했다. 개인 기부금으로는 최대 금액이었고 박찬호는 당시 25세에 불과했다. 1995년에는 모교인 한양대에 1억 원을 기부하는 등 지금까지 10억여 원을 기부해왔다. 이외에도 박찬호는 한국에는 '박찬호 장학재단'을, LA에는 '박 드림 재단(Park Dream Foundation)'을 출범시키는 등 선구자의 역할을 훌륭히 했다.

기부하면 **빼놓을** 수 없는 연예인 스타가 가수 김장훈이다. 1967년생으로 이제 갓 마흔을 넘은 김장훈이 지금까지 기부한 돈은 놀랍게도 30억 원이 넘는 것으로 알려지고 있다. 김장훈이 재벌집 자손인가? 아니다. 어릴 때 부자였는지 몰라도 아버지가 몇 번 망하는 바람에 차압까지 당하고 월셋집을 전전했다. 30억 원을 넘게 기부한 지금도 월세셋집에서 살고 있다.

가난한 살림살이에도 남을 돕는 어머니와 돈을 벌면 가난한 사람들을 돕겠다는 약속 아닌 약속을 지킬 기회가 오자 과감하게 기부했다. 기부가 버릇이 되어서 하고 싶은 기부를 하기 위해 밤무대를 뛰는 것은 물론이고 정 안되면 대출을 받아서라도 기부를 한다고 한다. 기부 중독증에 걸려도 톡톡히 걸린 셈이다. 앞으로도 그의 기부는 끝이 없을 것이다.

이외에도 우리나라의 연예인 스타로는 장나라, 박상민, 문근영, 배용준, 최수종·하희라 부부, 차인표·신애라 부부 등이 기부를 많이 하거나 입양에 앞장서고 있는 것으로 알려지고 있다. 스포츠 스타로는 박세리, 홍명보 등이 자선재단을 설립, 장학사업과 청소년 교육 지원 등 자선활동에 적극 뛰어들고 있다. 아직까지 초기 단계로 가시적인 성과가 많은 것은 아니지만, 앞으로 점점 더 스포츠 스타들의 자선과 봉사, 선행도 늘어날 것이다. 특히 이들 스포츠 스타들의 선행을 바탕으로 우리나라에도 기부와 자선의 문화가 터를 다지기 시작할 것으로 기대하고 있다.

미국과는 달리 우리나라의 기부는 주로 기업들이 앞장서고 있다. 미국의 경우 총 기부 중 개인이 83.6%로 가장 많고, 재단(11.6%)과 기업(4.8%)이 그 뒤를 잇고 있다. 반면 우리나라는 개인의 기부는 15.8%에 불과하고 기업이 67.5%로 가장 많고 사회·종교재단이 12.2%, 공공기관이 4.5%를 차지하고 있다.

한국과 미국의 개인과 기업의 기부 비중

(단위: 달러)

	개 인	기 업	재단(미) / 사회·종교 재단(한)	공공기관	합 계
한국	15.8	67.5	12.2	4.5	100.0
미국	83.6	4.8	11.6	–	100.0

자료: 사회복지공동모금회(2006년 기준)

먼저 기업들의 기부활동에 대해 알아보기로 하자. 전경련이 2007년 6월에 실시한 '기업의 기부 활동에 대한 의견조사'에 따르면 64.3%의 기업들이 '기업시민으로서의 사회적 책임을 이행하기 위해'를 기부 동기로 꼽았다. 이는 기업들의 사회적 역할에 대한 인식이 급속도로 확산되고 있는 결과라고 볼 수 있다. 그 다음으로 26.6%가 기부동기로 '기업의 이미지를 개선하고 기업 가치를 높이기 위해'라고 대답했다. 이들 기업들은 기부처를 선정할 때 주요 고려 사항으로는 '회사 사회공헌 사업과의 연관성(39.6%)'과 '기부처의 운영 투명성과 신뢰도(27.3%)'를 들었다. 회사가 원하는 공헌사업과 관련이 많으면서도 운영이 투명하고 믿을 만한 곳에 기부를 하겠다는 것이다.

전경련의 '2006년 기업 및 기업재단 사회공헌 실태조사'에 따르면 주요 기업(202개 사)의 기부규모는 총 1조 8,048억 원으로 2005년보다 28.7% 늘어난 것으로 집계됐다. 주요 지원분야는 교육 및 학술연구와 사회복지부문인 것으로 나타났다. 한 가지 다행인 것은 1970~80년대만 하더라도 비자발적이고 준조세 성격의 기부가 중심을 이루었으나, 1990년대 이후에는 정부 주도의 모금활동이 민간기구로 이양되면서 민간의 자발적인 기부문화가 확산되고 기부 방식도 다양화되고 있다는 점이다. 특히 2000년대에 들면서 기업의 사회공헌이 확대되고 기부 정보 채널도 확대되는 등 기부 환경이 긍정적으로 변화되고 있다.

멕킨지 그룹의 조사에 따르면 매출의 0.1%를 복지사업에 지출한 세계 100대 기업의 경우 이미지 쇄신 등 경영수익 증가 효과가 3배에 달하는 것으로 나타나고 있다. 이에 따라 이들 기업들은 복지재단 운영을 보이지 않으면서도 가장 강력한 마케팅 수단으로 보고 있다. 결국 복지사업이 이익의 사회환원 차원을 넘어 기업의 이미지 쇄신과 비용절감을 위한 중장기 투자 수단으로 활용되고 있는 것이다. 우리나라 기업들도 점차 글로벌화하고 있다는 점에서 앞으로 보다 더 적극적으로 기부활동에 나설 것으로 기대되고 있다.

기업의 기부 동기

(단위: %)

기 부 동 기	비 중
기업시민으로서 사회적 책임을 이행하기 위해	64.3
기업의 이미지를 개선하고 기업 가치를 높이기 위해	26.6

기업의 사회적 책임을 중시하는 사회적 분위기 때문	2.6
CEO의 의지 때문	1.9
세제혜택을 받기 위해	1.9
임직원들의 자긍심과 충성도를 높이기 위해	0.6
기타 또는 무응답	1.9
합계	100

자료: 전경련(2007년 6월, 154개 사 응답)

다음으로 우리나라 개인들의 기부실태에 대해 알아보기로 하자. 2004년 '아름다운 재단'에서 실시한 기부실태 전국조사 결과에 따르면 현금과 현물 기부의 경우 2003년 한 해 동안 20세 이상 시민의 64.3%가 기부를 한 번이라도 실천했고, 24.7%가 정기적으로 기부를 실천했으며, 20세 이상 시민의 연간 기부 평균 액수는 5만7,900원 정도인 것으로 나타났다. 또한 '시간 기부'를 대표하는 자원봉사의 경우, 2003년 한 해 동안 20세 이상 시민의 16.7%가 자원봉사를 했고, 20세 이상 시민의 평균 자원봉사 시간은 연간 8.12시간으로 나타났다.

이를 미국과 소득수준을 감안하지 않고 평면적으로 비교해 보자. 미국은 1인당 기부가 연간 1,000달러 정도이니까 95만 원 정도에 해당한다. 그렇다면 기부 규모에서는 우리나라가 미국의 10%에도 채 못 미치고 있다는 계산이 나온다. 자원봉사의 경우 미국인들은 연간 210시간 정도를 할애하고 있다고 하니까, 우리나라의 자원봉사는 미국의 5%에도 채 못 미치고 있다. 한편에서는 우리나라의 1인당 기부금 규모가 미국의 40% 정도에 달한다는 통계도 있기는 하지만, 이는 미국과 우리나라의 1인당 소득차이를 감안한 결과로 봐야 할 것이다.

다행히 최근의 기부 실적은 괄목할 만한 성장을 보이고 있다. 정부의 불우이웃돕기 모금이 이양된 사회복지공동모금회의 모금실적을 보면 이양 첫 해인 1998년의 경우 전체 모금액이 170억 5,300만 원에 불과했다. 하지만 2006년에는 모금액이 2,147억 원으로 12배 이상 급증했다. 2000년 이후 기부 실태를 보면 기업 기부는 2000년 286억 원에서 1,453억 원으로 5배 정도 늘어났고, 개인 기부도 106억 원에서 354억 원으로 3배 이상 늘었다. 기부 건수는 2000년 800여 건에서 18만6,000여 건으로 무려 200배 이상 크게 늘어났다. 보다 많은 기업과 개인들이 참여했기 때문이었다. 세계에서 가장 빠른 성장세라고 할 수 있을 것이다.

하지만 아직도 갈 길은 멀다. 사실 기부도 어느 정도 역사적 시간과 배경을 필요로 한다고 볼 수 있다. 조선시대에는 경주 최 부잣집은 물론 '타인능해(他人能解, 아무나 이 쌀을 가져갈 수 있다)'라는 글귀를 써놓은 뒤주를 내놓은 전남 구례의 류 씨 집안, 세금을 내지 못해 옥에 갇힌 사람을 세 번이나 대납해 줬다고 해서 '삼개옥문(三開獄門) 적선지가(積善之家)'라는 말을 듣는 해남 윤 씨 가문 등이 있었다. 또 이들 양반가와는 달리 가난하면서도 천한 태생으로 돈을 벌어 가난구제에 나선 김만덕, 임상옥, 백선행과 같은 분들도 있었다.

하지만 일제시대와 전쟁을 겪고 난 후, 특히 갑자기 자본주의 사회로 진입하면서 이와 같은 전통이 점차 사라지게 되었다고 볼 수 있다. 유한양행의 유일한 같은 기업가가 전혀 없는 것은 아니지만, 전통이 되기보다는 안타깝게도 선각자 유일한 개인의 일회성으로 끝나고 말았다는 생각이 든다. 자본주의가 가장 먼저 시작됐다고 할 수 있는 미국의 경우를 보자. 1800년대 초반부터 본격적인 자본주의가 시작됐다고 보면 카네기와 록펠러가 사회공헌에 본격적으로 나서기까지 최소한 100년의 세월을 필요로 하고 있다. 우리나라의 경우 자본주의가 시작된 것을 6·25 전쟁 이후로 보더라도 아직 50여 년에 불과한실정이다. 성장을 빨리 한 만큼, 또 지금은 어느 정도 성장한만큼 우리나라에도 유일한, 카네기, 록펠러와 같은 기업가들이 점차더 많이 나타날 것이다.

기부 참여 현황

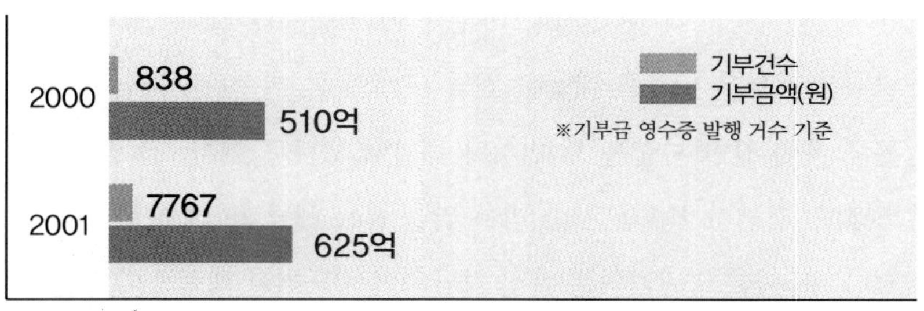

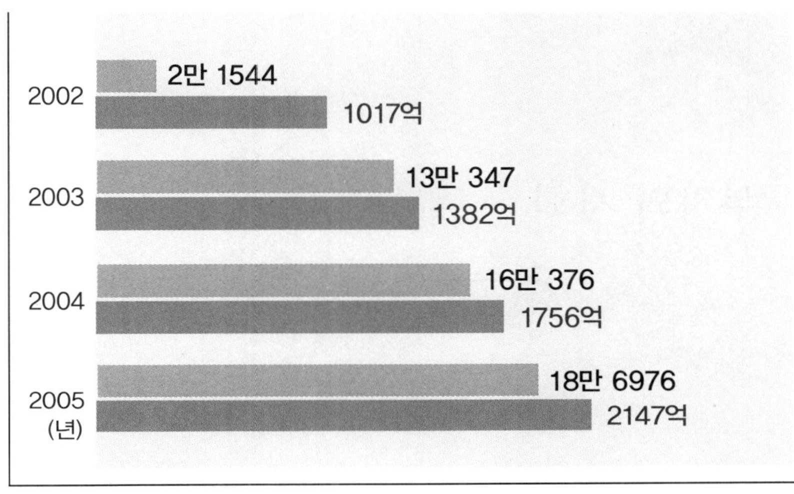

자료: 사회복지 공동모급회

　하지만 기부를 기대하기 위해서는 기부 여건을 만들어나가는 것도 중요하다. 우리나라의 기부는 연말연시와 재난이 발생할 때 현금이나 현물로 기부하는 형태가 주를 이루고 있다. 12월~1월의 기부금이 전체 기부금의 60~70%를 차지하고 있다. 기부자에 대한 세제 혜택이 선진국에 비해 미흡하다는 점도 기부를 꺼리게 만드는 요인으로 작용하고 있다. 국가 또는 지자체에 낸 기부금이나 수재의연금 등의 법정 기부금은 전액 소득공제 혜택을 받지만, 사회복지단체나 종교단체에 낸 지정기부금은 소득금액의 10%(법인은 5%) 내에서만 소득공제를 받는다. 반면 미국은 50%, 일본은 25%까지 소득공제를 받을 수 있다.

06

부자와 사회

타워팰리스와 벤츠가 대한민국 졸부들의 대표적인 브랜드라면, 그것은 바로 돈 있는 사람을 나타내는 브랜드이다. 누구나 선망하는, 아니 가장 비싸다고 막연히 알고 있는 거주지역과 최고의 자동차를 가지겠다는 꿈이 나쁠 이유는 전혀 없다. 누구에게나 어필할 수 있는 대표 브랜드가 된 것으로 꿈을 실현하는 브랜드의 위치를 찾은 것이다. 하지만 안타까운 것은 이들 브랜드가 많은 사람들의 꿈이라는 사실이다. 이런 브랜드들이 졸부라고 지칭되는 사람들의 상징이 될 때 그 브랜드는 자폭하는, 이른바 실패한 브랜드 사례가 된다. "졸부처럼 보이면 어때, 돈만 많이 벌면 되지" "뭐 어때, 경제만 잘 되면 되지"의 부자 버전이다. '타워팰리스'와 '벤츠'가 졸부들의 대명사가 되었음에도 불구하고 대한민국에서 여전히 많은 사람들이

타워팰리스에서 살고 싶어 하고 또 벤츠를 몰고 싶어 한다면, 우리 모두 졸부의 심리를 가지고 있는 것일까? 아니, 졸부를 욕하면서도 부러워하기 때문이 아닐까? 특히, 이것들이 대한민국 사람들의 꿈과 명품 브랜드의 대명사라면 그것은 우리의 꿈이 졸부를 벗어날 수 없다는 것을 상징적으로 알려준다. 하지만, 어느 순간 사람들이 졸부라 폄하하는 것이 아니라, 자신이 가진 것을 통해 또 그것을 자랑스러워할 때 이런 것은 힘을 발휘하지 못할 것이다.

모두들 부자가 되고 싶어 한다. 하지만, 부자의 상징을 '졸부의 거주지'와 '졸부의 자동차'로 쉽게 표현할 수 있는 이 사회에서 정작 "부자는 부자처럼 살지 말아야 한다"라는 역설적인 도덕률이 동시에 존재한다. 심리적으로 인간에게 혼란을 주는 사회적 상황이다. 모두가 원하고 나도 원하지만 그렇게 하지 않는 방식으로 살아야 한다는 도덕률을 가질 때, 인간은 자연스럽게 자신과 남을 속이면서 어느 것도 완전하게 충족하지 못하는 위선적인 행동을 하게 된다.

대한민국을 IT 절대강국이라는 반석위에 올려놓았던 디지털시대를 지나서 맞춤형 인체장기의 대량생산이 가능해지면서 거의 불멸에 가까운 생을 누릴 수 있는 바이오시대로 돌진하고 있다. 이 책을 읽는 독자들이 10~20년 후에 무병장수의 환희를 맛볼 때면 1일 우주여행 광고가 TV에 등장하는 우주광역화 시대가 될 것이라고 미래학자들이 예측한다.

그와 같은 찬란한 미래를 여는 선두주자는 '부자'이다. 부동산투기의 역사도 과거의 일이 되어가고, 탈세니 자녀병역기피니 하는 것도 앞으로는 거의 불가능해지는 그러한 시대가 오고 있다. 과거의 부자는 이제는 잊어야 할 때이다. 우리의 미래를 여는 것은 '부자가 되고 싶은 마음'과 '부자가 되려는 노력'이다.

가장 좋은 공부교재인 역사 속 부자들을 분석하면서 철저하게 깨달은 것은 인류의 역사는 항상 좋은 방향으로 스스로 발전한다는 것이었다. 이제는 좋은 부자의 이야기만을 하였으면 한다. 포르쉐를 타

고서 벤처형 부자이야기를 하고, 뉴칼레도니아로 여행을 가면서 문
화창조형 부자이야기를 하는 것이다. 공부하기 싫어하는 자녀에게
디지털 정보를 스스로 체득하면서 발전하도록 해서 대학에 안 가도
훌륭한 미래의 부자가 될 수 있는 (고졸인 빌 게이츠처럼) 자가발전
형 부자를 만드시는 것은 어떤가?

　기억 속에 남았던 나쁜 부자의 이야기들은 잊어버리자. 올바른 부
자철학을 이 땅에 펼치는 것이 기본목적인 부자학연구학회는 독자 여
러분이 미래에 좋은 부자가 될 수 있는 일이라면 얼마든지 도우려고
한다. 일단 부자에 대한 시각을 좋은 방향으로 고정시키길 바란다. 우
리들의 세대 안에, 찬란한 문화역사의 종주국인 대한민국이 빛나는
부자문화를 전 세계에 수출하는 부자국가가 되기를 기원해 보자.